NOTES CHRONOLOGIQUES

POUR SERVIR

A L'HISTOIRE

DE

L'OCCUPATION FRANÇAISE

DANS LA

RÉGION D'AUMALE

1846-1887

ALGER. — TYPOGRAPHIE ADOLPHE JOURDAN. — ALGER

NOTES CHRONOLOGIQUES

POUR SERVIR

A L'HISTOIRE

DE

L'OCCUPATION FRANÇAISE

DANS LA

RÉGION D'AUMALE

1846-1887

PAR

G. BOURJADE

CAPITAINE AUX AFFAIRES INDIGÈNES

ANCIEN CHEF DU BUREAU ARABE D'AUMALE

ALGER

LIBRAIRIE ADOLPHE JOURDAN

IMPRIMEUR-LIBRAIRE-ÉDITEUR

4, Place du Gouvernement, 4

—

1891

AVANT-PROPOS

En 1882, M. le général Loysel, commandant la division d'Alger, prescrivit aux commandants supérieurs des cercles de la division, de faire rédiger l'historique du territoire soumis à leur commandement.

Telle est l'origine de ce travail. En donnant à ces notes plus de développement que ne semble en comporter un document administratif, nous n'avons eu d'autre but que d'apporter notre modeste contingent de documents aux historiens futurs de la domination française dans le nord de l'Afrique.

Plus immédiatement, ces pages pourront peut-être être utilement consultées par ceux qu'intéressent, à quelque titre que ce soit, les personnes et les choses du pays arabe avoisinant AUMALE.

Les recherches nécessitées par cet historique nous ayant amené à compulser nombre de documents relatifs à l'ensemble de la subdivision d'Aumale, nous avons pensé qu'il y avait tout avantage à ne pas se borner à parler des 7 tribus constituant aujourd'hui l'annexe de Sidi-Aïssa (ex-cercle d'Aumale). Ce travail présentera donc l'ensemble des faits importants, ou intéressants à un titre quelconque, accomplis dans le territoire militaire d'Aumale depuis la fondation de ce poste.

INTRODUCTION

RENSEIGNEMENTS GÉOGRAPHIQUES

En 1887 le cercle d'Aumale, compris entre le 1er et le 2me degré de longitude Est, entre le 35me et le 36me degré de latitude Nord, ne se composait plus que de sept tribus, réparties sur une étendue approximative de 250,000 hectares.

Ces sept tribus sont, en allant de l'Est à l'Ouest :

Les Oulad-Sidi-Hadjerès, limitrophes du département de Constantine ;

Les Oulad-Abdallah ;

Les Oulad-Sidi-Aïssa ;

Les Selamat ;

Les Oulad-Ali-ben-Daoud ;

Les Adaoura, divisés en deux commandements :

Adaoura-Chéraga, Adaoura-Gheraba, voisins du cercle de Boghar, subdivion de Médéa, division d'Alger.

Ce cercle est borné au Nord par la commune mixte d'Aumale, tribus des Oulad-M'Sellem, Oulad-Driss, Oulad-Si-Moussa, douar Ridan, tribus des Oulad Zenim, Oulad-Soltan.

Au Sud par les cercles de Bou-Saâda et de Boghar : tribu des Oulad-Sidi-Brahim, Oulad-Ameur-Dahra, de Bou-Saâda, Mouaïadat et Oulad-Mokhtar-Cheraga, de Boghar.

A l'Est, par la commune mixte de M'Sila, département de Constantine, Beni-Ilman, Oulad-Djellal, Oulad-Brahim.

A l'Ouest, par le cercle de Boghar, tribus des Oulad-Mokhtar-Cheraga et Oulad-Allan.

La limite nord de son territoire suit dans son ensemble les hauteurs dénommées Djebel-Mehazzem, Djebel-Naga, Chaâba, qui forment en ce point la dernière barrière montagneuse entre le Tell et les Hauts-Plateaux : toutefois la limite des Adaoura remonte sensiblement vers le Nord-Ouest, englobant :

1° Entre l'Oued-Ridan, le Djebel-Gueraten et le Djebel-Chaâba au Nord ;

2° Et le Djebel-Afoul et le Guern des Adaoura au Sud ; une notable étendue de territoire, lequel, bien que déboisé, conserve encore le caractère du Tell.

Derrière cette barrière de montagnes commence le petit Sahara.

Au point de vue hydrographique le cercle d'Aumale fait partie du bassin intérieur du Hodna.

En effet, si on en excepte quelques cours d'eau peu importants, lesquels, dans les Adaoura, s'écoulent au Nord-Ouest vers l'Isser et la mer, tous les thalwegs conduisent les eaux pluviales dans l'Oued-el-Ham ou son affluent principal l'Oued-Sebisseb et ces deux fossés les déversent eux-mêmes dans le Chott du Hodna.

La pente générale du terrain est donc dirigée du Nord-Ouest au Sud-Est.

La rive gauche de l'Oued-el-Ham est aride et dénudée.

La rive droite présente une succession de bas-fonds, d'ondulations peu marquées (feid) de daïas peuplées de pistachiers, enfin de collines rocheuses où se rencontre l'alfa.

Le chiffre de la population, au recensement quinquennal de 1886, s'est trouvé de 19,556 âmes.

Jusqu'au 1er août 1887, les sept tribus formaient une commune indigène dont les recettes annuelles étaient en moyenne de 30,000 francs et les dépenses de 20,000.

Tous les indigènes sont agriculteurs et pasteurs.

NOTICE SOMMAIRE

SUR

L'HISTOIRE DU PAYS

AVANT L'OCCUPATION D'AUMALE

PÉRIODE ANTÉRIEURE A L'OCCUPATION ROMAINE

De l'an 860 fondation de Carthage, à l'an 150 avant J.-C.

Nous n'avons pu recueillir aucun renseignement sur les temps antérieurs à l'occupation romaine : toutefois les peuplades qui occupaient le pays ont laissé des traces de leur existence : ces traces nous paraissent être les nombreux amas de pierres frustes, mais évidemment amoncelées par la main des hommes, qui se rencontrent très fréquemment sur le sommet des collines, aux cols, sur les contreforts séparant deux cours d'eau, sur les berges élevées d'un bas fond, etc...

Ces amas, qu'il ne faut pas confondre avec les Redjem des Arabes, paraissent être des tombeaux préhistoriques.

On remarque en effet, le plus souvent au centre de ces monuments, des pierres de grandes dimensions placées verticalement et dessinant un tombeau rectangulaire.

Les indigènes ne savent rien au sujet de ces monuments qu'ils désignent uniformément sous le nom de Hadjar-el-Kedim (vieilles pierres).

Or, il est probable que si ces monuments avaient été élevés par leurs ancêtres arabes, la tradition ne s'en serait pas complètement perdue.

Le nombre de ces tombeaux est très considérable et on les rencontre plutôt dans le Sud que dans le Tell. Ils dominent notamment les berges de l'Oued-el-Ham et le sommet de toutes les éminences qui commandent la plaine (1).

PÉRIODE ROMAINE

Domination romaine de l'an 150 avant J.-C. à l'an 450 de J.-C. — Vandales de 440 à 535. Bysantins de 538 à 630.

Si l'on en croit certains auteurs, la ville d'Auzia, sur les ruines de laquelle s'élève la moderne Aumale, aurait été fondée 16 siècles avant notre ère par des émigrants venus de Tyr et de Phénicie (2).

---

(1) Un de ces tombeaux, situé près de la route d'Aumale à Bou-Saâda, à peu de distance du caravansérail d'Aïn-Kermam, a été fouillé en 1886 par ordre de M. le colonel Fix, commandant la subdivision d'Aumale, par le maréchal-des-logis Bonely, du 1er spahis. Ce sous-officier a trouvé un fragment de crâne et une tige en bronze d'un travail assez fini (fig. 1).

Ces objets sont conservés à l'hôtel de la subdivision. Personnellement nous avons vu dans le cercle de Bou-Saâda, sur les plateaux qui dominent la rive droite de l'Oued-Chair, à proximité du moulin de l'agha Ben-Dif et des ruines d'El-Gahra, une très grande quantité de ces sortes de tombeaux, et, au milieu d'eux, un monument circulaire rappelant par sa forme les Menhir druidiques, composé d'énormes dalles fichées jointivement en terre et formant une espèce d'enceinte de deux mètres environ de rayon. La hauteur des pierres au-dessus du sol est d'environ un mètre (fig. 2). Tout le plateau où se remarquent ces monuments est peuplé d'alfa.

(2) *Revue africaine* n° 175, janvier et février 1886, page 38, *Africa antiqua* par Mac-Carthy.

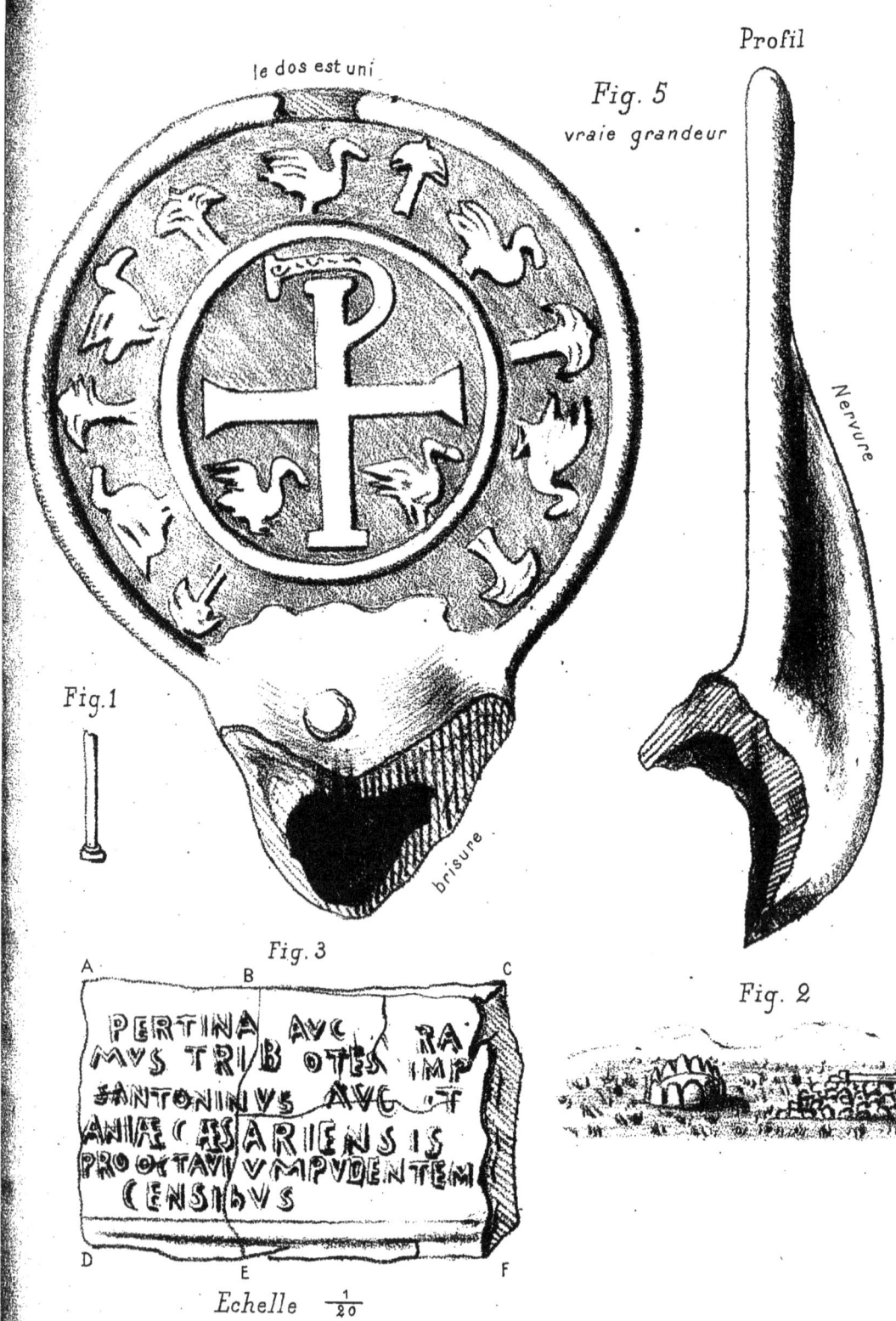

Au troisième siècle de l'ère chrétienne, Auzia était une colonie romaine prospère, ainsi que le prouvent de nombreuses inscriptions.

C'est sans doute à cette époque que furent fondées les installations romaines dont les vestiges, encore très visibles, se retrouvent dans les sept tribus du cercle d'Aumale.

Dans leur ensemble ces ruines se trouvent sur une ligne courant de l'Est à l'Ouest, parallèlement à celle qui est jalonnée plus au Nord par les deux points importants, d'Aumale (Auzia) et de Sour-Djouab (Rapidi).

On les rencontre dans les montagnes de Naga, Afoul et Chellala, c'est-à-dire dans la dernière chaîne séparative du Tell et des Hauts-Plateaux.

C'est ainsi qu'à environ 35 kilomètres d'Aumale et sensiblement sur le même méridien se voient les ruines de Grimidi (nom donné par les indigènes); elles sont situées au Nord d'Aïn-Tolba, dans le Djebel-Naga, tribu des Oulad-Sidi-Aïssa. Deux constructions voûtées, qui paraissent être les restes d'un réservoir d'eau, subsistent encore.

A peu de distance se trouve un rectangle dessiné par des amas de pierres, frustes pour la plupart, mais dont quelques-unes conservent cependant les traces du travail de l'homme. A une extrémité de ce rectangle a été trouvée, au mois de mai 1886, une inscription qui semble intéressante (1).

---

(1) Voici le fac simile de cette inscription que nous avons pu rétablir à l'aide de croquis dessinés par M. le lieutenant Deschamps, chef par intérim de l'annexe de Sidi-Aïssa, en septembre 1887 (fig. 3).

La partie ABED a été brisée et séparée de BCFE.

Cette inscription a été publiée pour la première fois en 1887 par le *Bulletin de l'Académie d'Hippone* (bulletin n° 23) d'après une communication de M. le colonel Fix, commandant la subdivision de Bône. — Le président de l'académie a proposé de rétablir l'inscription complète de la manière suivante : (*Imperator Cæsar Lucius septimus severus*] *Pertina* (x) *Aug* (ustus) (a) *ra* (bicus) [*adabienus*] (*Maxi*) *mus trib* (*unicix*) (*p*) *otes* (*tate*) *imp* (*eratoris*) [*Marcus*] (*Aurelius*) *s*

En continuant à marcher vers l'Ouest on rencontre la ruine que les Arabes nomment El-Guelali : elle occupe une situation remarquable dans la coupure qui donne passage à l'Oued-el-Ham. Située dans la plaine, sur la rive gauche de la rivière, entre la montagne de Naga à l'Est et celle d'Afoul à l'Ouest, la position de Guelali commande le défilé. Il y a peu de pierres taillées à la surface du sol : les débris couvrent deux petites ondulations de terrain qui s'élèvent au-dessus de la plaine : par places, le sol est de couleur noirâtre et formé de cendres : on trouve là un moulin romain bien conservé et un fût de colonne.

A peu de distance se trouve une autre ruine appelée Chagroumia.

De Guelali à Chellala des Adaoura il n'y a, sur les pentes du Djebel-Afoul, que quelques vestiges de ruines.

Chellala était, sans contredit, l'installation romaine la plus remarquable du cercle d'Aumale (aunexe de Sidi-Aïssa).

Les ruines occupent l'emplacement même du marché arabe qui se tient là tous les jeudis au-dessus de la belle fontaine de Chellala.

Il n'est pas à notre connaissance qu'aucune inscription y ait été découverte, mais il y a de nombreuses traces de murs, des chapiteaux, des frontons sculptés, des fûts de colonne, d'immenses jarres en pierre.

Des tombeaux ont été mis à jour en 1885 par des travailleurs militaires envoyés par le colonel Fix, commandant la subdivision (1).

Antoninus Augustus [*et Lucius septimus geta, Augustus Presidem*] *(Mauret) aniæ cæsariensis* [*et*] *Pro* (*curatorem*) *Octavium Pudentem* [*cæsium honoratum a*] *censibus.*

D'après l'Académie d'Hippone, cette inscription serait de l'an 211 ou 212 de J.-C. C'est en effet au troisième siècle que la colonisation romaine paraît avoir atteint son maximum de prospérité dans la région d'Aumale.

(1) Ces travailleurs ont trouvé plusieurs objets curieux, notamment :

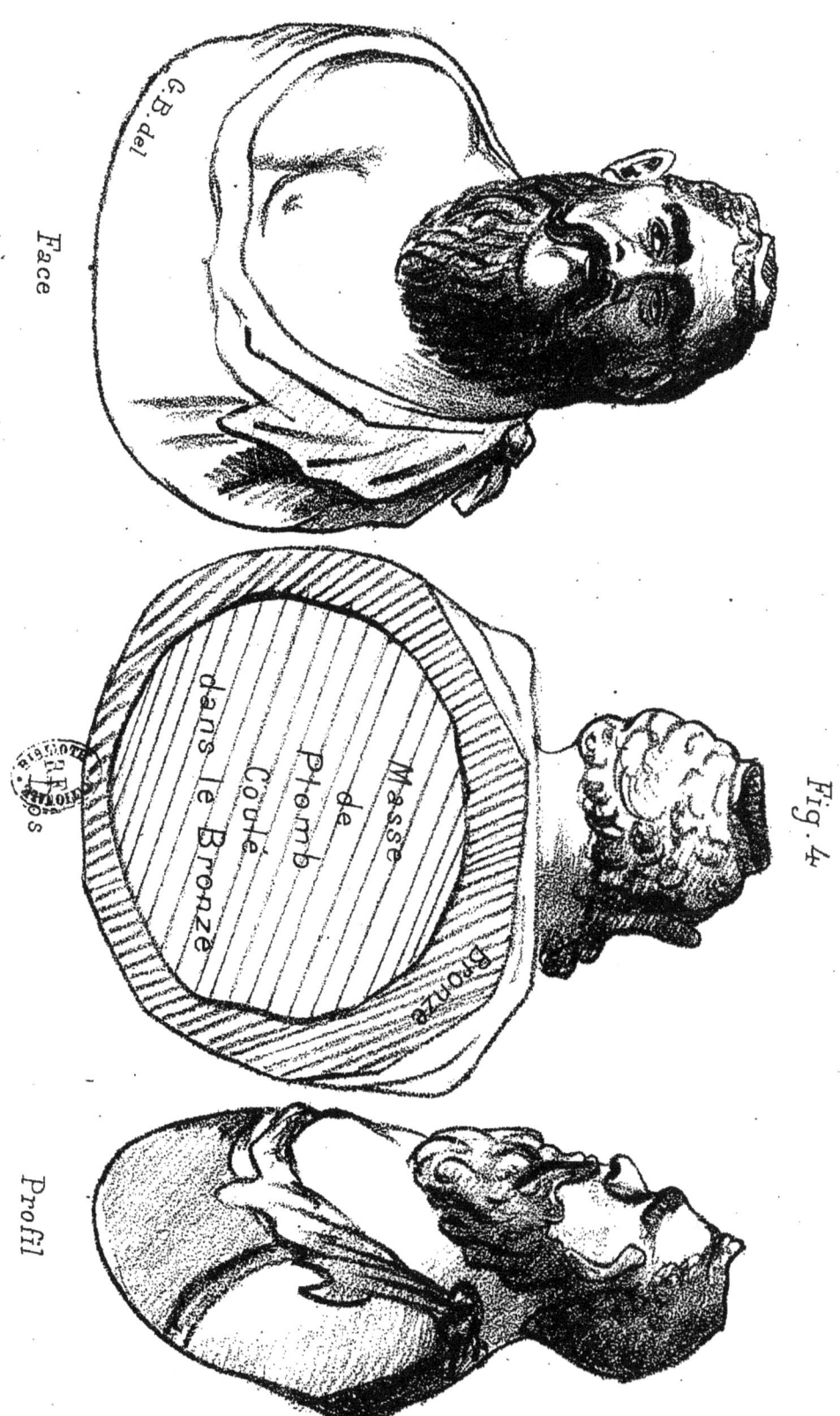

Fig. 4

La ville, assez étroite en raison de sa situation sur une arête rocheuse, présente en longueur de l'Est à l'Ouest un développement de plus d'un kilomètre.

Chellala est sur le méridien de Sour-Djouab (Rapidi) : il existait certainement une route romaine qui reliait ces deux points ; en effet, en marchant vers le Nord, dans la direction de Sour-Djouab on trouve de nombreux vestiges d'établissements romains parmi lesquels on doit citer les ruines de l'Oued-el-Malha et de l'Oued-Gueterana. Les pierres taillées y abondent : un peu plus au Nord et à l'Ouest, les ruines dites Kerma-M'ta-Oulad-Bouzian, auprès de sources nombreuses. On y trouve des sculptures, une inscription tombale, etc.

A quelques kilomètres à l'Ouest de ce point, à El-Gouâmez, on rencontre encore de nombreuses pierres taillées. Il y a aussi dans les pentes sud du Djebel-Afoul et de la montagne de Chellala quelques vestiges peu importants.

Enfin, dans la plaine de l'Oued-el-Ham et de son affluent principal l'Oued-Sebisseb se rencontrent encore par places des pierres taillées ; mais elles semblent être des traces d'installations de peu d'importance telles que

---

1º Un buste en bronze antique de 0^m09 de hauteur, représentant une figure d'homme barbu, sorte de faune ou d'Hercule.
Cette pièce est en forme d'applique, le bronze est creux et dans l'intérieur a été coulé du plomb (fig. 4, vraie grandeur) ;

2º Un fragment de poterie rouge de forme circulaire ayant 0^m095 de diamètre, présentant dans sa partie centrale un circonférence de 0^m055 de diamètre, au milieu de laquelle est une croix de Malte avec une banderolle au-dessus et deux oiseaux, cygnes ou ibis, au-dessous. Entre cette circonférence et le pourtour extérieur se trouve une succession de ces mêmes oiseaux et de palmiers alternés. Le bas de la pièce est brisé (fig. 5) ;

3º Des lampes de formes diverses, des fragments de poteries avec personnages, des verres irisés, etc. ;

4º Un fragment de marbre blanc présentant au centre une concavité dans laquelle se voient des traits tracés géométriquement. On dirait d'un cadran solaire.

Les travailleurs étaient dirigés par M. le sous-lieutenant Lassalle de la 4e compagnie de discipline.

tours de guet, pour observer sans doute les routes du désert.

Les ruines sont beaucoup plus rares dans l'Est du cercle, sur la limite du département de Constantine.

Nous citerons cependant les ruines du marché des Oulad-M'sellem (1) et plus bas, au Sud, à Aïn-el-Krian, au milieu de rochers de grès, les vestiges d'une maison avec chapiteaux et colonnes.

Enfin, dans la plaine, aux Oulad-Sidi-Hadjerès, il existe encore quelques traces confuses de constructions dont l'origine est douteuse et qui sont peu importantes.

Il n'est pas à notre connaissance qu'aucune trace de l'occupation romaine ait été relevée dans le cercle d'Aumale sur la rive droite de l'Oued-Sebisseb ou de l'Oued-el-Ham (2).

D'après les historiens il existait, au commencement de notre ère, à Auzia (Aumale) un fort en ruines. — C'est près de ce fort que, sous Tibère, le consul Dolabella surprit et battit complètement les bandes du rebelle indigène Tacfarinas.

Ce combat aurait eu lieu l'an 19 de J.-C.

Tacfarinas, qui tenait depuis plusieurs années en échec la puissance Romaine dans la région comprise entre le désert, Constantine, Sétif et le littoral, vint, dit-on, occuper les bois épais qui environnaient les ruines du fort d'Auzia (3).

---

(1) Ces ruines sont dans la commune mixte d'Aumale. — En 1884 l'administrateur de cette commune y aurait trouvé une bague en or avec châton portant un chiffre qui, je crois, n'a pu être traduit.

(2) Il y a, dans les Ouled-Ali-ben-Daoud, des vestiges de ruines probablement berbères et peu importantes. Elles consistent en traces de murs sur une petite éminence dans la région de Teniet-et-Tin à El-Adjer.

(3) Pour trouver aujourd'hui des *bois épais* (?) il faut aller à 7 ou

Averti par des espions de la position occupée par Tacfarinas, le consul Dolabella se porta par surprise sur le camp des rebelles, les battit complètement et en fit un grand carnage. Tacfarinas, après avoir lutté avec la plus grande énergie, ne voulut pas survivre à sa défaite et trouva la mort dans la mêlée.

CONQUÊTE ARABE

De l'an 622 à l'an 1490 de J.-C.

Tous les historiens s'accordent à reconnaître que la première invasion arabe conduite dans le Nord de l'Afrique par le célèbre Abdalla Ibn Saad, vainqueur du patrice Grégoire en 647 de J.-C., puis par Sidi Okba ben Nafy, fondateur de Kaïrouan, n'ont laissé aucune trace dans le pays et que toute la population arabe avait disparu du territoire africain (qui est l'Algérie actuelle) vers la fin du dixième siècle de notre ère.

Vers la fin du onzième siècle se produisit une nouvelle invasion composée seulement de quelques tribus qui se répandirent dans l'Afrique septentrionale.

« Les Arabes qui faisaient partie de la deuxième inva-
» sion ne formaient que les cinq tribus suivantes :

» Les Soleïm ;

» Les Soghba ;

» Les Riah ;

» Les Athbedj ;

» Les Corra.

---

8 kilomètres d'Aumale au moins. Encore la plupart de ces bois ne sont que des maquis.

Dans le Ksenna seulement, à 12 kilomètres environ d'Aumale, on trouve de belles futaies de pins d'Alep, mêlés au chênes verts, lentisques, oliviers, myrthe, etc.

« Les Soleïm sont restés sur le territoire de Barka et
» de la Tripolitaine, les quatre autres sont entrées dans
» la Bysacène et une partie d'entre elles est passée dans
» la Mauritanie, le Maroc de nos jours, où l'on croit en
» reconnaître quelques vestiges sous le nom de Beni-
» Hassem et de Halef (1). »

C'est ainsi que dans son introduction à la traduction
de l'*Histoire des Berbères*, M. le baron de Slane a pu
dire (page 29 de l'édition de 1852, — Alger) :

« Ainsi toutes les populations arabes qui habitent
» maintenant l'Afrique tirent leur origine de quelques
» tribus qui envahirent ce pays vers le milieu du
» onzième siècle de notre ère. »

Mais il est impossible de faire remonter aussi loin
l'origine, d'ailleurs assez obscure, des tribus de l'annexe
de Sidi-Aïssa, ancien cercle d'Aumale.

Dans l'*Histoire des Berbères*, par Ibn-Khaldoun (introduction pages 47 et 49, traduction de Slane), on lit que
Ibn Khaldoun lui-même a occupé, à deux reprises, au
quatorzième siècle, le point bien connu de Guetfa à la
limite des cercles d'Aumale et de Boghar, où sont
aujourd'hui installées les tentes des Oulad-Sidi-Belkas-
sem, fraction des Oulad-Sidi-Aïssa.

Ibn Khaldoun servait alors les intérêts de Abou
Hammou, roi de Tlemcem.

Mais nous n'avons aucun document permettant d'établir avec certitude les noms et l'origine des populations
qui, à cette époque, habitaient la vallée de l'Oued-el-Ham
et les contrées voisines.

Si l'on s'en rapporte à la tradition, la plus ancienne
des tribus du cercle d'Aumale serait celle des Oulad-

---

(1) *Situation politique de l'Algérie*, 1881, par M. Gourgeot, ex-inter-
prète principal de l'armée.

Sidi-Hadjerès dont le fondateur, venu du Maroc, se serait installé dès le douzième siècle sur l'Oued-el-Ham inférieur, à Tabia.

En admettant donc que Sidi Hadjerès soit réellement venu du Maroc (1) au douzième siècle, on doit le considérer comme un descendant des fractions de tribus arabes de l'invasion du onzième siècle qui restèrent en Mauritanie.

Sidi Hadjerès fit souche dans le pays : ses fils donnèrent leur nom à plusieurs fractions de la tribu et un de ses descendants, Sidi Mohammed el Krider, installé dans la montagne d'Afoul, est devenu l'ancêtre d'une importante fraction de marabouts des Adaoura.

Les Oulad-Sidi-Hadjerès se disent certains que leur ancêtre était Chérif, c'est-à-dire descendant du prophète Mohammed par sa fille Fathma Zohra.

Les Oulad-Sidi-Aïssa descendent très certainement d'un personnage célèbre par ses vertus, nommé Sidi-Aïssa, qui paraît avoir vécu au quinzième siècle (2).

Son père, M'Ahmed, habitait, paraît-il, à Fez (Maroc). On ignore les raisons qui poussèrent Sidi Aïssa à s'expatrier ; mais il y a, à environ six kilomètres d'Aumale, un col du Dira qui porte, aujourd'hui encore, le nom de Merah-Sidi-Aïssa. C'est là que notre émigré aurait planté sa tente en venant du Maroc. Après une vie consacrée aux bonnes œuvres Sidi Aïssa est mort en odeur de sainteté et son tombeau, surmonté d'une koubba, bâtie dit-on par les Turcs, attire de nombreux pélerins. De son vivant déjà sa postérité s'était multipliée à ce point qu'elle formait plusieurs fractions de tribu.

Les Oulad-Abdallah croient descendre d'un certain Abdallah qui quitta la Medjana au quinzième siècle, à la

---

(1) Voir dans la *Revue africaine*, tome XVII, l'article intitulé : *Notes historiques sur les Adaoura*, par M. Guin, interprète militaire ; et spécialement à propos de Sidi el Hadjerès la note de la page 27.

(2) Voir dans la *Notice historique* précitée p. 29, une notice complète sur Sidi Aïssa.

suite d'un meurtre dont il s'était rendu coupable. D'abord installé dans la vallée supérieure de l'Oued-Djenan, il transporta plus tard sa tente sur le territoire actuellement occupé par la tribu à laquelle il a donné son nom. Les Oulad-Abdallah, aujourd'hui bien amoindris, étaient autrefois de célèbres guerriers. Unis aux Oulad-Mahdi du Hodna, ils tenaient les populations voisines dans une dépendance absolue et partageaient avec les marabouts des Oulad-Sidi-Aïssa, les produits de leurs rapines.

Les Oulad-Ali-ben-Daoud ont pour ancêtre un nommé Ali ben Daoud qui vivait au seixième ou dix-septième siècle à Miliana. Son fils Ahmed se serait installé au Guetfa et ses descendants seraient restés maîtres du territoire occupé par la tribu après de longues et terribles luttes soutenues contre les populations du Tittery (1).

Les Sellamat disent qu'ils descendent de Sellami indigène de la tribu voisine, les Oulad-Sidi-Brahim de Bou-Saâda. — Il paraît certain que les Sellamat ont la même origine que les Arib.

Les Arib, peuplade du Sahara, s'installèrent avant l'occupation française dans le Hamza, appelé souvent plaine des Arib, mais ils en furent chassés par les Oulad-Mâdhi du Hodna et se dispersèrent (2). Cependant bon nombre d'entre eux revinrent plus tard sur ce territoire.

Enfin, les Adaoura, ramassis de populations d'origines diverses, ne se seraient guère constitués qu'au dix-huitième siècle. Les indigènes de ces tribus ont une réputation méritée de propension au banditisme, à la violence et à l'insubordination. Certains veulent que le mot Adaoura signifie : pays accidenté; d'après la fable,

---

(1) Une autre tradition fait au contraire venir l'ancêtre des Oulad-Ali-ben-Daoud du Hodna. Il se nommait Daoud ben Abdellah Djouad, des Ouled-Madhi.

(2) Pélissier de Raynaud. — *Annales algériennes.*

Adour était un géant ancêtre d'une fraction des Adaoura (1).

Nous ne possédons aucun renseignement sérieux sur l'histoire du pays pendant la domination arabe.

Il est probable que cette région, d'ailleurs aride dans sa plus grande étendue, était peu peuplée et qu'au milieu d'une anarchie générale les sultans indigènes se disputaient la domination précaire des quelques tribus installées sur l'Oued-el-Ham, les versants du Djebel-Dira et le pays tourmenté des Adaoura.

DOMINATION TURQUE

De l'an 1500 à 1830

L'absence complète de documents et le peu de certitude que présentent les traditions locales, d'ailleurs des plus confuses, rendent impossible de retracer actuellement l'histoire de la domination turque dans la région du Dira et du bassin supérieur du Hodna (2).

On sait que les Turcs avaient un Bey à Médéa : avant la conquête française les Adaoura, les Oulad Abdallah et sans doute aussi les Oulad-Sidi-Aïssa et les Oulad-Ali-ben-Daoud, dépendaient de l'Outhan du Dira, fraction du beylik de Médéa.

---

(1) Voir *loco citato* le travail de M. Guin.

(2) La tradition veut cependant qu'un Bey du nom d'Otsman ait fait construire une maison pour lui à Tabia, au confluent de l'Oued-Djenan et de l'Oued-el-Ham. Comme ce point, situé au milieu d'alluvions récentes, est entièrement dépourvu de matériaux de construction, le Bey Otsman aurait fait former à travers la plaine une chaîne immense de travailleurs jusqu'à la montagne de Mchazzem-el-Kebir. La pierre arrachée à la montagne était passée de main en main pour être mise en œuvre à Tabia. — Il existe encore à Tabia quelques misérables constructions d'origine récente et une sorte de tertre formé de ruines assez confuses, mais anciennes.

A cette époque les Sellamat, fraction des Arib, étaient installés sur l'Oued-Mamora, sur des terrains beylicaux et faisaient partie du même Outhan.

Quant aux Oulad-Sidi-Hadjerès, qui se rattachaient aux populations du Hodna inférieur, aucun renseignement certain n'a pu être recueilli sur la situation qui leur avait été faite sous le commandement des Turcs (1).

Les Oulad-Abdallah, alors puissants, étaient tribu Maghzen ; c'est-à-dire exempts d'impôt, sous condition de prendre part aux expéditions turques.

Dans la région d'Aumale, les Turcs entretenaient deux Noubas comprenant chacune trois Zeffari. Chaque Zeffari était composée de 23 hommes (2).

La première Nouba, (69 hommes) était au fortin de Hamza (Bouïra), le bordj avait été construit à la fin du dix-huitième siècle par Mohammed, bey de Constantine (3).

La deuxième Nouba était installée à Sour-Rozlan, c'est-à-dire sur l'emplacement actuel d'Aumale. — Le bordj turc de Sour-Rozlan, à demi détruit en 1846 lorsque les Français vinrent occuper Aumale, se trouvait au Nord de la place Thiers actuelle, entre la rue des Zouaves et la Grand'rue.

En 1830 le bey de Tittery était Mustapha bou Mezrag de qui dépendait le Dira.

Ce bey fit plusieurs tournées dans le cercle d'Aumale et notamment aux Adaoura. Les contemporains indigènes parlent bien des expéditions turques dans leur pays ; mais ils ne peuvent citer les dates, même approximati-

---

(1) Voir à ce sujet *Revue africaine*, t. IX et XI, la notice de MM. Aucapitaine et Fiderman, sur le beylik de Titery.

(2) Général Walsin-Esterhasy. — *Domination turque dans l'ancienne régence d'Alger.*

(3) Ce bey s'était d'abord installé au village de Soumeur en Kabylie, mais ce village (détruit en 1849 par le colonel Canrobert) parut au fonctionnaire turc trop éloigné de la plaine et il préféra la position de Bouïra sur la route d'Alger à Constantine.

vement, et ignorent les noms des beys, des commandants des troupes (etc.). Ils ne parlent que de rencontres dans lesquelles ils se ménagent généralement le beau rôle : car le Turc était aussi pour eux l'oppresseur. Aux Oulad-Ali-Ben-Daoud notamment les Turcs seraient venus deux fois. — Aux Adaoura une petite colline a conservé le nom de camp du bey Mustapha.

Enfin, d'après des traditions vagues, un combat aurait eu lieu entre Turcs et Arabes à Dra-Arib dans les Oulad-Sidi-Hadjerès.

Dans le nord de l'ancien cercle d'Aumale, à Boghni, commandait en 1830, pour les Turcs, un fonctionnaire nommé Yahya Agha qui a laissé des souvenirs dans la région.

La domination turque paraît avoir toujours été assez précaire dans la plaine de l'Oued-el-Ham. Les tribus arabes y jouissaient d'une indépendance à peu près complète : cependant elles payaient l'impôt quand les colonnes turques se présentaient dans le pays.

ÈRE DES CHEURFA

1830 — 1846

Depuis l'occupation de Médéa par les Français (22 novembre 1830) jusqu'à l'année 1846 date de la fondation du poste d'Aumale, c'est-à-dire pendant 16 ans, les tribus du cercle d'Aumale furent livrées à la plus complète anarchie.

Le pays se soumit cependant à Abdelkader qui lui donna des chefs parmi lesquels nous citerons :

Aux Adaoura : Mohamed ben Kouïder ;
Aux Oulad-Sidi-Aïssa : Ahmed ben Ameur ;
Aux Oulad-Si-Amor : Mohamed ben Saïd ;
Enfin, en Kabylie, le fameux Ben Salem (1).

---

(1) *Notice sur les Ben Salem.* — Les Ben Salem sont des mara-

La tribu des Oulad-Sidi-Aïssa resta toujours attachée au parti de l'Émir et ne nous fut réellement acquise qu'après sa reddition.

Aucun événement remarquable ne se produisit d'ailleurs dans l'Oued-el-Ham pendant le commandement d'Abdelkader.

Cette époque a conservé chez les Arabes le nom « d'Ère des Cheurfa, » parce que la souveraineté était alors exercée par l'Émir et ses lieutenants qui, pour la plupart, faisaient remonter leur origine au Prophète.

---

bouts originaires du Maroc, qui s'expatrièrent à la suite de discussions de famille relatives à la possession d'une zaouïa. Ils vinrent en Algérie quelques années avant l'établissement des Turcs sous la conduite de Sidi Salem ben Makhlouf dont le père avait une zaouïa à Fez.

Sidi Salem vint d'abord seul et sans suite dans les Mechtera ; il s'y fit connaître et ne tarda pas à prospérer. Peu après il alla s'établir à Alger, à Bab-el-Oued, où il ouvrit une zaouïa. Les marabouts des Ben-Salem avaient droit de grâce sur les condamnés. A Oran et à Alger leur présence suffisait pour sauver la vie aux prisonniers.

Après un long séjour à Alger Sidi Salem revient aux Mechtera, puis aux Beni-Djâad où il vécut entouré de la vénération générale.

Après leur installation, les Turcs lui donnèrent le commandement de deux fractions dites Zoui et Beni Chafa (*). Les Ben Salem conservèrent ce commandement de père en fils jusqu'à l'arrivée des Français en Algérie.

A cette époque le chef de la famille était Mohammed ben Salem : il avait trois fils Si Amed Taïeb ben Salem, depuis Khalifa d'Abdelkader, Si Ali ben Salem, et Si Omar ben Salem notre Khalifa de l'Oued-Sahel en 1847.

Mohamed ben Salem mourut des suites d'une blessure reçue dans une querelle de famille causée par le renversement du pouvoir turc. Si Ahmed Taïeb ben Salem prit alors le commandement de la famile et des populations qui obéissaient à son père, jusqu'à l'élévation d'Abdelkader.

Lorsque El Hadj Abdelkader ben Mahieddin parut dans le Ksenna, Ben Salem se rendit auprès de lui, au hammam ; ils s'entendirent et Ben Salem reçut de l'émir le commandement de l'Oued-Sahel. Il conserva ce commandement jusqu'à l'époque de sa soumission (1847) qui précéda celle d'Abdelkader. (Archives du bureau arabe d'Aumale).

(*) Les Zoui sont les Oulad-Sidi-Salem d'aujourd'hui (Aïn-Bessem). Les Beni Chafa sont en partie aux Metennan, en partie au Fondouk.

DOMINATION FRANÇAISE (1)

1830 à 1846

De 1830 à 1843 les conquérants n'avaient eu aucune relation directe avec les populations indigènes du Dira et de la plaine de l'Oued-el-Ham.

1842. — Les troupes françaises parurent pour la première fois dans le Dira au mois d'octobre 1842. La colonne expéditionnaire commandée par le général Changarnier reçut la soumission des tribus de la montagne qui furent rattachées au commandement de Médéa.

1843. — En 1843 le lieutenant de l'émir Abdelkader, dans le sud-est du Tittery, était Ben Aouda el Mokhtari qui, dans les premiers mois de l'année, chercha à provoquer une révolte des indigènes en exploitant avec habileté l'inimitié séculaire des Adaoura et des Oulad-Allan.

Le duc d'Aumale, qui commandait alors à Médéa, se porta dans le pays avec une petite colonne et fit cesser ces troubles. C'est immédiatement après cette petite expédition que le duc d'Aumale quitta Médéa pour effectuer la marche hardie qui aboutit au brillant fait d'armes de la prise de la smala d'Abdelkader.

Au mois d'août de la même année, plusieurs tribus du Dira ayant fait défection, le général Marey-Monge, successeur du duc d'Aumale à Médéa, prépara une expédition contre ces tribus.

Le 27 septembre la colonne du général Marey-Monge se joignit, sur l'Oued-Djenan aux troupes venues de Sétif avec le général Sillègue.

Les montagnards du Dira, attaqués au cœur de leur pays, n'eurent qu'à se soumettre. — Le général Sillègue, descendant le cours de l'Oued-Djenan, se dirigea alors sur Bou-Saâda, traversant ainsi le territoire du cercle d'Aumale (2).

---

(1) Pélissier de Raynaud, *Annales algériennes*.
(2) Pélissier de Raynaud, *loco citato*.

1844. — Pendant l'année 1844 la paix ne fut pas troublée dans le sud du Dira.

1845. — Au mois de mai de l'année suivante un agitateur nommé Bou Chareb excita les populations du Dira à la révolte et commença à piller les indigènes compromis à notre service.

Le général Marey partit de Médéa, reprit à Bou Chareb le butin qu'il avait fait et fit sa jonction avec le général d'Arbouville, venu de Sétif. Ces deux généraux se portèrent ensuite vers le Nord, dans le Hamza, contre Ben Salem, avec lequel ils eurent un petit combat heureux.

A la fin de la même année apparut, dans le Dira, un agitateur qui se faisait appeler Mohammed ben Abdallah bou Maza, comme le célèbre insurgé du Chéliff.

Les généraux Marey et d'Arbouville, venant une seconde fois de Médéa et de Sétif, se portèrent contre ce prétendu chérif.

Le général Marey resta quelque temps en observation à Sour-Rozlan (Aumale), puis, le 11 novembre, il opéra sa jonction avec le général d'Arbouville.

Le chérif s'était dirigé plus au Nord, vers la plaine des Arib ; les deux généraux l'y suivirent et le battirent dans les Oulad-el-Aziz.

C'est à la suite de la campagne de 1845 que le maréchal Bugeaud résolut de fonder, à Sour-Rozlan, un poste intermédiaire entre le défilé des Biban et Alger.

C'est ici, à proprement parler, que commence notre travail.

1846. — Au printemps de 1846, un personnage influent, originaire des Adaoura, nommé Mohamed ben Kouïder (1), très attaché à Abdelkader, fomenta des

---

(1) Mohammed ben Kouïder était originaire des Adaoura-Chéraga, fraction Oulad-Aïssa. Il appartenait à la famille la plus considérable des Adaoura à la fin de la période Turque. Mohammed ben Kouïder, homme énergique et tenace, embrassa avec ardeur le parti d'Abdelkader et fit à la France une guerre acharnée. En 1846 il fut l'instigateur et le chef de l'insurrection dans la région de l'Ouennougha. Lors

troubles dans l'Ouennougha, massif montagneux situé entre Sour-Rozlan et Sétif.

Le duc d'Aumale, qui se trouvait alors à Médéa, eut le commandement de la colonne destinée à pacifier l'Est du Tittery. Le prince était aussi chargé d'organiser le pays en vue de la création, à Sour-Rozlan d'un « biscuit-ville » destiné à être peu après transformé en poste permanent.

Le duc d'Aumale posa le 27 mai 1846 la première pierre du poste de Sour-Rozlan qui prit, le 19 juin, par décision du ministre de la guerre, le nom d'Aumale.

C'est à la suite de l'expédition du duc d'Aumale que le pays fut organisé.

Le cercle d'Aumale a été créé par ordonnance royale du 21 août 1846; mais ce ne fut qu'au mois d'octobre que le commandement français s'y installa.

Le tableau suivant donne l'organisation du cercle d'Aumale à son origine.

---

de l'organisation du cercle d'Aumale par le duc d'Aumale en 1846, Mohammed ben Kouïder, ayant fait sa soumission, fut nommé caïd des caïds du Ksenna. En cette qualité il donna lieu à de nombreuses plaintes, pilla ses administrés, les indisposa contre la France et entretint secrètement des intelligences avec Abdelkader. Comme il avait fait insurger les Ouennougha on pensait qu'il avait de l'influence dans la région et on le fit caïd des caïds, mais il se comporta comme en pays conquis. En 1847 il fut envoyé comme caïd aux Adaoura Chéraga, son pays d'origine et prit une partie du commandement d'Abdelkader ben Mohammed ben Taïeb, caïd des Adaoura qui devint alors caïd des Adaoura-Ghéraba. Les deux caïds s'entendaient peu. Mohammed ben Kouïder mourut dans la première quinzaine de juin 1848, il fut remplacé par El Amri ben Youcef, signalé alors comme âgé, très riche, très sensé, appartenant au Soff d'Abdelkader ben Mohammed ben Taïeb; mais moins ennemi de Mohammed ben Kouïder que ne l'était Abdelkader. Mohammed ben Kouïder a eu quatre fils dont deux sont morts jeunes. Les deux autres sont: 1° Bouziani, tué en 1871 dans une rixe ; 2° Lakdar ben Mohammed ben Kouïder qui existe encore et n'a jamais rempli aucune fonction. Très riche, il habite aux Adaoura-Chéraga fraction Oulad-Aïssa et souvent aussi aux Oulad-Si-Moussa où il a des labours. Il a un fils âgé d'environ 10 ans (1887).

Bouziani a rempli pendant quelques années les fonctions de caïd aux Adaoura-Chéraga.

Organisation du Cercle d'Aumale. — S. A. Royale le Duc d'Aumale

CERCLE D'AUMALE

SI AHMED OULED BEY BOU MEZRAG.......... *Agha de 2e classe.*

LAKHAL BOU EL OSSIF (1)................ *Son khalifa.*

CAIDAT du DIRA SUPÉRIEUR	Tribus	Caïds	CAIDAT du DIRA INFÉRIEUR	Tribus	Caïds	CAIDAT des ADAOURA	Tribus	Caïds	CAIDAT du KSENNAH	Tribus	Caïds	CAIDAT des OULAD MOKHTAR CHERAGA	Tribus	Caïds	CAIDAT des OULAD DYA	Tribus	Caïds
Ben Yahia ben Aïssa caïd El Kiad	Ouled Dahib.	Ali ben Taïeb.	Yahia ben Abdi caïd des caïds El Guermid (2)	Ould Abdalla	Yahia ben Abdi.	Abdelkader ben Mohammed (3) caïd El Kiad El Hadj Mustapha	ADAOURA Ould Sultan Iuis.	Mustapha ben Nadji.	Si Mohammed (4) El Kouider caïd El Kiad Kouider ben bel Abbès son khalifa	Ouled Salem.	Medani Mohammed ben Tateb.	Bel Hadj ben Richida caïd El Kiad Mohammed ben Chaouïa son khalifa caïd El Kiad	Ouled Mokhiar Chargua et Ouled Salma.	Guettar.	Guettaf	Ouled Mohaney.	Guettaf.
	Ouled Sebouz.	Bou Sebouz.		Ould Sabiue.	Mohammed ben Selami.		Ou⁴ S. Amer.	Lakhdar ben Ahmed.		Beni Amer.	Ameur ben Namir.			Si ben Saâda.		Ouled Mohaney.	El Harran.
	Djouah.	Zeitouni.		Si El Amer.	Si El Gueffaf.		Ou⁴ Si Moussa.	El Aïdi.		Beni Iddou.	Mohammed ben Saïd.			Mouidak Chargu.			
	Ouled Merizi.	Mohammed ben Messaoud.		Ali ben Daoud.	El Bkra.			Ben Yala.		El Hamza.	Ahmed ben Goutacke.			Othman ben Messaoud.			
	Ouled Ferah.	Sliman ben Amara.		Ouled Si Aissa.	Si Mohammed ben Messaoud.									Salari du Tbeil.			
	Ouled Dris.	Ben Aly.												Salari du Guelia.			
	Ouled bou Arfi.	Belgassem ben Aissa.												El Hadj ben Yahia.			
	Ouled Barka.	[lou Zid ben Ali]															

Consulter la carte.

(1) Nous avons conservé l'orthographe donnée aux noms arabes sur le document original ainsi que la disposition de ce document.

(2) Ce nom et les noms semblablement placés désignent les khalifas, les suppléants des caïds el kiad.

(3) Abdelkader ben Mohammed est l'oncle du caïd actuel des Adaoura Guerraha. — Lakhdar ben Ahmed ben Mohammed, — il fut élevé par la France pour être opposé à Mohammed ben Kouider. — Abdelkader ne cessa de nous être absolument dévoué et périt pour notre cause en 1849, dans un combat contre les Ouled Ameur du Bou-Saâda.

(4) La notice que est indiquée

La colonne d'occupation, sous les ordres du colonel de Ladmirault, des zouaves, partit de Médéa le 10 octobre 1846 et arriva à Aumale le 14 par la route de Sour-Djouab. Cette colonne était ainsi composée :

1 bataillon de Zouaves ; 1 bataillon du 13e Léger ; le 3e bataillon de Chasseurs d'Orléans ;

Détachements d'Artillerie ; du Génie ; du Train des équipages ; d'Ambulance ; d'Administration, formant un effectif total de 45 officiers, 1,812 hommes, 80 chevaux et 23 mulets.

Le colonel Ladmirault devait exercer le commandement supérieur du cercle.

Le capitaine Ducrot (1) était chef des affaires arabes.

Les troupes françaises, d'abord campées sur l'emplacement actuel du terrain de manœuvres, s'installèrent bientôt, au milieu de la paix la plus complète, sur le plateau de Sour-Rozlan d'où émergeaient, çà et là, les ruines de l'antique Auzia.

Le commandement planta ses tentes à l'endroit où s'élèvent aujourd'hui le cercle militaire (2) et l'église provisoire.

On voit encore à côté de l'église un fondouk en ruines où étaient en 1850 les écuries du bureau arabe.

La fin de l'année 1846 fut employée aux travaux de toute nature nécessités par l'installation des troupes, l'organisation du pays et la marche régulière de l'administration.

Au mois de novembre de nombreuses réclamations furent adressées au commandement contre Mohamed ben Kouïder, caïd des caïds du Ksenna. Ce chef pillait ses administrés et entretenait des relations secrètes avec Abdelkader qu'il avait longtemps servi contre nous.

Il n'était bruit, à cette époque, que de Chérifs.

---

(1) C'est le même qui, devenu plus tard général, a joué un rôle important notamment au siège de Paris 1870-71.

(2) Cet immeuble a depuis été transformé en logement d'officiers. Le cercle est installé à l'ancienne subdivision.

Ainsi l'on parlait d'un certain Bou Maza qui passait pour être le vrai Bou Maza du Chéliff et pour se trouver alors à Charef (Djelfa).

On parlait encore de Bou Sebâ des Ziban, de Mouley Ibrahim, chérif retiré disait-on au Djebel-Sahari et qui en 1845 avait joué un certain rôle dans l'insurrection des Beni-Djâad.

A la fin de l'année le bruit courait que le Chérif avait quitté le Djebel-Sahari pour se joindre à un autre chérif, Mouley Mohammed dit Bou Aoud, dans la tribu des Greboula de l'Est (Kabylie).

Mais aucun de ces Chérifs ne troubla la tranquillité du cercle d'Aumale.

Dès l'arrivée des troupes le service du génie avait fait procéder à l'ouverture des travaux de l'enceinte fortifiée.

En 1846 furent ainsi commencés le quartier de cavalerie et la conduite d'eau qui vient de la ferme Paulo, route de Médéa.

1847. — Bou Maza, qui était réellement dans le pays des Oulad-Nayl et cherchait à y fomenter des troubles, fut poursuivi, au mois de février, par la colonne du général Marey, venue de Médéa. Cette colonne qui était en position à Guelt-Es-Stel, y fut ravitaillée à la fin de février par un convoi parti d'Aumale.

Le 9 du même mois, le caïd des Beni-Iddou de l'aghalik du Ksenna, Mohammed ben Belgassem, fut assassiné par un nommé Saadi ben Aïssa, de sa tribu.

Cet assassinat fut attribué à des motifs de vengeance personnelle et ne parut avoir aucun caractère politique.

Le fait le plus important du commencement de l'année 1847 est la soumission à la France d'Ahmed Taïeb ben Salem (1) khalifa de l'émir Abdelkader, dans l'Oued-Sahel.

Déjà Omar ben Salem, frère du khalifa, s'était rendu au camp d'Aumale et avait amené au commandant supérieur

---

(1) Voir plus haut la notice sur les Ben-Salem.

un nommé Miloud ben Hamani, personnage important de la province d'Oran, ennemi d'Abdelkader et que ce dernier avait remis comme prisonnier à Ben Salem.

Le 25 février, le maréchal Bugeaud se trouvait à Aumale où il s'était rendu pour visiter la nouvelle installation.

Le 28 février, Ahmed Taïeb ben Salem, accompagné de son frère Omar, d'Oulid ou Kassi, du marabout Mohammed ben Abderrahman bou Koberin (1) et de nombre d'autres notables kabyles, se présenta au maréchal et fit, entre ses mains, sa soumission à la France.

Ses paroles furent nobles et simples :

« Nous vous avons combattu, dit-il, de toutes nos
» forces pour le triomphe de notre religion et de notre
» liberté; mais Dieu nous a fait succomber dans la lutte
» et puisqu'il vous a donné la force et le pouvoir, nous
» devons nous soumettre à ses décrets. Ben Salem n'a
» jamais manqué à sa parole et ajourd'hui vous pouvez
» être assuré que j'userai de toute mon influence pour
» affermir la paix et la tranquillité dont nos malheu-
» reuses populations ont un si grand besoin. »

Ben Salem ajouta qu'il était décidé à faire le pèlerinage de la Mecque, mais qu'avant de quitter l'Algérie il prêterait un concours dévoué à l'organisation du pays, et il tint parole.

Le 10 avril suivant, Ben Salem, accompagné d'un très grand nombre de chefs et de notables kabyles, se rendit à Alger où s'élabora la nouvelle organisation de l'Oued-Sahel et des tribus kabyles.

Belgassem Oulid ou Kassi, qui s'était aussi rendu à Alger, eut le commandement des tribus du Nord du Djurdjura.

---

(1) Descendant de Si Mohamed ben Abderahman bou Koberin, mort en 1791 et fondateur de l'ordre religieux des Khouan Rahmania.

Omar ben Salem, frère du khalifa, fut nommé bach-agha de l'Oued-Sahel.

Le cercle d'Aumale s'augmenta de ce dernier commandement, ainsi constitué :

Bach-aghalik de l'Oued-Sahel

Omar ben Salem, bach-agha.

Aghalik des Beni-Djaâd

Agha Si Allel ben Merikhi.......
- Metennan.
- Oulad-Brahim.
- Oulad-Selim.
- Senhadja.
- Cheurfa-el-Hareg.
- Beni-ben-Hassen.
- Zouathna.

Grand caïdat de l'Ouennougha-Gheraba

Caïd des caïds Mohammed ben Kouïder..............
- Oulad-Salem.
- Ksenna { Beni-Amar. Beni-Iddou.
- Ahl-Hamza.

Sous le commandement direct de Si Omar ben Salem............
- Archaoua.
- Beni-Maned.
- Oulad-el-Aziz.
- Beni-Meddour.
- Merkalla.
- Beni-Yala.
- Ksar.
- Sebkra.
- Beni-Aïssi.
- Beni-Mansour.
- Beni-Mellikeuch.
- Guechtoula.
- Cheurfa.

Toutefois l'autorité française, représentée par Omar ben Salem, n'était encore pas acceptée par toutes ces populations et nous verrons, par la suite, que l'Oued-Sahel compta longtemps encore de nombreux insoumis.

Vers la fin d'avril la nouvelle de la soumission de Bou Maza au colonel de Saint-Arnaud à Orléansville se répandit dans les tribus du cercle et y produisit une vive impression entièrement favorable à notre cause.

Cependant le maréchal Bugeaud préparait contre la kabylie de Bougie l'expédition qui devait être sa dernière campagne en Algérie.

Une partie des troupes destinées à y concourir furent réunies à Aumale et se concentrèrent dans les premiers jours de mai dans le Hamza où elles se joignirent aux troupes venues d'Alger.

La colonne expéditionnaire quitta le 14 mai le point de rassemblement pour se diriger vers l'Oued-Sahel inférieur.

Nous n'avons pas à exposer les détails de cette campagne brillante qui se termina, comme l'on sait, par la prise du village d'Azerou et par l'organisation de la kabylie de Bougie et du khalifalik de la Medjana sous Mohammed el Mokrani.

Le colonel de Ladmirault, commandant supérieur du cercle d'Aumale prit, avec ses zouaves, une part brillante à cette expédition.

Au mois de juin, les goums d'Aumale qui avaient suivi les opérations du maréchal Bugeaud rentraient dans leurs tribus et répandaient la nouvelle de nos succès.

Cependant les Beni-Yala, tribu importante et insubordonnée de l'Oued-Sahel, continuaient à se tenir en dehors de notre autorité et se livraient à des actes de brigandage : des vols furent commis sur leur territoire au préjudice des militaires de la colonne de Kabylie que le général Gentil ramenait à Alger. Des voyageurs furent détroussés et les cavaliers de notre bach agha Omar furent maltraités et renvoyés de la tribu.

Ces faits ne pouvaient rester impunis. Pendant la nuit du 23 juin, l'agha Bou Mezrag (1) du Dira partit avec 400 cavaliers, fit sa jonction dans l'Oued Sahel avec 200 cavaliers d'Omar ben Salem et ce goum de 600 chevaux fit irruption sur les factions insoumises des Beni-Yala auxquels il enleva 100 mulets, 200 bœufs et 1,000 moutons.

Ce châtiment nécessaire n'eut pas néanmoins pour résultat de ramener la tranquillité dans les Beni-Yala. Ceux-ci restèrent en proie aux dissensions intestines et à la plus grande anarchie. Les uns voulaient se soumettre à Omar ben Salem, les autres s'y opposaient et pillaient leurs adversaires.

Pour mettre un terme à cette situation le colonel de Ladmirault établit en permanence sur leur territoire un goum formé de cavaliers des tribus soumises.

Ce goum protégeait les tribus paisibles contre les incursions des Beni-Yala : il moissonna pour son compte les récoltes des insoumis.

Dans les tribus arabes au sud d'Aumale la paix paraissait bien affermie. Le commandement profita de cette situation pour créer deux nouveaux marchés, celui du vendredi aux Oulad-Si-Moussa sur l'Oued-Mâmora et celui du lundi à la Koubba de Sidi-Aïssa.

Ces deux marchés devinrent bientôt très fréquentés et attirent encore aujourd'hui l'affluence des indigènes de la région.

Cependant l'ex khalifa Ben Salem résolut de donner suite à ses projets de départ pour la Mecque. Il réalisa une partie de sa fortune, laissa le reste de ses biens immeubles de Kabylie à la garde de son beau-frère Si Bou Zid et quitta le pays au mois de septembre avec toute sa famille et ses serviteurs.

Vers cette époque quelques symptômes isolés d'insubordination se manifestèrent dans les Oulad-Sidi-Aïssa.

---

(1) Fils de l'ancien bey turc de Médéa.

Les Oulad-Si-Moufocq (1), fraction de cette tribu, bâtonnèrent un chaouch du bureau arabe et refusèrent d'exéuter les ordres du commandement : on eut aussi la preuve des intelligences qu'ils entretenaient avec l'émir Abdelkader.

La tribu était alors commandée par Mohammed ben Messaoud, caïd des plus médiocres, incapable de faire respecter notre autorité et vivant d'ailleurs en très mauvaise intelligence avec son chef Yahya ben Abdi, agha du dira inférieur.

Au mois de novembre, un insoumis de cette tribu, nommé Zoubir, à la tête de quelques cavaliers des Oulad-Nayl fit une razzia sur les troupeaux d'El Ouakal, personnage influent et soumis de la tribu.

« Depuis quelque temps une femme des Oulad-Sidi-
» Brahim, nommée Fathma bent Sidi Touati, après avoir
» assassiné son mari, qu'elle prétendait avoir été tué
» d'un coup de canon tiré du ciel, se disait maraboute
» et inspirée. Cette femme, jeune et d'une beauté re-
» marquable était suivie d'un cortège de jeunes gens
» bien montés, bien équipés sur lesquels elle paraissait
» exercer un grand empire. Après avoir occasionné
» quelques désordres dans la subdivision de Sétif, elle
» se rendit dans les Oulad-Sidi-Aïssa du cercle d'Aumale
» et passa plusieurs jours chez un nommé Mohammed
» Embarek, homme très influent de cette tribu. La ma-
» raboute se promenait sans but bien déterminé, re-
» cueillant les offrandes des fidèles et faisant quelques
» prédictions insignifiantes ; mais son cortège devenait
» chaque jour plus nombreux et cette réunion de jeunes
» gens vigoureux et passionnés pouvait devenir un
» moyen d'action dangereux entre les mains d'un in-
» trigant. Elle avait prédit, en présence d'une foule con-
» sidérable, à Mohammed Embarek qu'il serait un jour

---

(1) Fondus aujourd'hui dans les Ouled-Si-Ahmed.

» Sultan des musulmans et que ce jour ne tarderait pas
» à arriver.

» Pour mettre un terme à ces propos dangereux, le
» commandement envoya quelques cavaliers chargés
» d'arrêter cette femme et de dissiper le rassemblement
» qui la suivait ; mais ces cavaliers arrivèrent trop tard :
» la belle inspirée avait quitté les Oulad-Sidi-Aïssa pour
» se rendre chez les Oulad-Sidi-Brahim (1). »

Dans l'Aghalik des Beni-Djaad les exactions de notre agha Allel ben Merikhi avaient indisposé les populations : quelques fractions s'étaient même mises en état de rébellion.

Au mois de novembre une rixe d'une certaine gravité se produisit entre les Oulad-Meriem d'Aumale et les Oulad-Thaân des Beni-Sliman de Blida, à l'occasion de leurs limites.

Ces désordres partiels, apaisés par les moyens dont disposait l'autorité administrative locale ne compromirent pas la paix générale du cercle. A la fin de l'année le pays était calme.

Le 11 septembre le duc d'Aumale avait remplacé le maréchal Bugeaud à la tête de la colonie.

Dans les premiers jours de décembre le cercle d'Aumale fut traversé par de nombreux personnages notables de la province de Constantine qui se rendaient à Alger pour saluer le nouveau gouverneur.

Leur voyage pacifique témoigna des bonnes dispositions des indigènes et du calme qui régnait dans la région.

Le luxe déployé par certains de ces chefs, les beaux chevaux, les riches harnachements, la suite nombreuse qu'ils montrèrent, excitèrent l'émulation des chefs d'Aumale ; et le désir de paraître, si enraciné au cœur des indigènes, produisit alors sous les murs inachevés d'Aumale comme un petit camp du drap d'or.

---

(1) Extrait d'un des rapports périodiques du cercle d'Aumale.

Le commandement poursuivait son œuvre d'organisation.

Le 15 décembre le colonel de Ladmirault se rendit à Bouïra avec un bataillon de zouaves pour procéder à l'investiture de nouveaux chefs et présider à l'ouverture des travaux du Bordj qui devait être rétabli.

Le 18 décembre le marché de Bouïra fut créé et le même jour fut investi caïd de Bouïra Si Bou Zid. Il eut pour caïd de Maghzen un nommé Ben Yahya.

Le nouveau caïdat de Bouïra était compris dans le bach aghalik de l'Oued-Sahel et se composait des populations suivantes :

Archaoua ; Beni Maned ; Oulad el Aziz ; Beni Meddour ; Merkalla ; Beni Yala.

Dans les derniers jours de l'année le bureau arabe d'Aumale fit saisir 50 fusifs de fabrication anglaise, qui avaient été laissés en dépôt dans le pays par Ahmed ben Ameur des Ouled-Sidi-Aïssa, khalifa d'Abdelkader dans le Dira.

Dès la fin de novembre Abdelkader s'était rendu au général de Lamoricière. Ce grand événement auquel les indigènes ne voulaient d'abord pas ajouter foi, succédant à la soumission de Ben Salem et aux succès de l'expédition du maréchal Bugeaud en Kabylie, donna à notre autorité le plus grand prestige.

Pendant l'année 1847 les travaux de l'enceinte fortifiée d'Aumale furent continués au Sud par le périmètre du quartier militaire. Pour satisfaire aux besoins du moment, on installa entre la rue actuelle d'Auzia et l'esplanade d'Isly des baraquements recouverts de diss (1) pour les troupes et les différents services.

L'hôpital provisoire fut installé sur l'emplacement qu'occupe aujourd'hui le bâtiment des lits militaires.

Les travaux de la caserne d'infanterie et de la manu-

---

(1) Diss, Arundo festucoïdes de Desf., plante textile, fourrage, abonde dans toute la région montagneuse de l'Algérie.

tention furent commencés. On procéda au nivellement des rues militaires. En dehors de l'enceinte fut construit le parc aux bœufs, actuellement caserne des disciplinaires.

1848. — L'année 1848 s'ouvrit donc sous les plus heureux auspices. Le commencement en fut signalé à Aumale par la soumission de deux agitateurs. Ahmed ben Ameur, des Ouled-Sidi-Aïssa, ancien khalifa d'Abdelkader, dont il a déjà été parlé dans ces notes, fut autorisé sur sa demande à revenir dans le pays et à s'installer à proximité du camp d'Aumale.

Peu après le chérif Mouley Mohammed Bou Aoud se rendit prisonnier à Aumale avec toute sa famille et ses serviteurs. Le 22 mars il fut dirigé sur Alger.

Au mois de février la garnison d'Aumale fut péniblement impressionnée par la nouvelle de l'assassinat d'un officier, le capitaine Castex du 8e de ligne, tué par des malfaiteurs au pont de Ben-Hini (Palestro) en se rendant d'Alger à Aumale avec son bataillon.

Cependant la nouvelle des graves événements survenus en France avait pénétré jusque dans les tribus et donnait lieu aux commentaires les plus malveillants et les plus absurdes.

La proclamation de la République (24 février 1848), le départ du duc d'Aumale, avaient produit dans le pays arabe la plus vive émotion. Nos ennemis disaient que les Turcs, conduits par le sultan Abd el Mejid, par Abdelkader et par Ben Salem étaient en marche pour envahir l'Algérie; que les Anglais se préparaient à effectuer un débarquement et à donner la main au sultan.

Ces mensonges grossiers que les chefs français s'efforçaient de démentir en expliquant le véritable état des choses, ne laissaient pas que d'enflammer l'imagination si prompte des Arabes.

La fraction de Bourbache de l'aghalik des Beni-Djaâd crut, sur la foi de ces rumeurs, pouvoir se permettre de refuser formellement la diffa au bach agha Omar ben Salem qui revenait d'Alger, de bâtonner ses cavaliers et de leur enlever leurs armes.

Aux Ouled-Sidi-Aïssa les mécontents suivaient cet exemple et allaient aussi jusqu'à bâtonner les cavaliers du Maghzen.

Ces symptômes isolés de l'agitation des esprits ne se généralisèrent heureusement pas. L'expédition conduite au mois de mai dans les Oulad-Nayl par le général Marey rassura les populations paisibles et inspira aux indigènes malintentionnés une salutaire circonspection.

Au mois d'avril le colonel de Ladmirault était revenu d'Alger où l'avaient appelé les évènements politiques.

La garnison d'Aumale s'augmenta d'un escadron de spahis (1), établi en permanence dans cette place. Cette excellente mesure produisit très bon effet sur l'esprit des indigènes du pays.

Nous avons dit que des discussions de limites s'étaient élevées entre les Oulad-Thaân du commandement de Blida et les Oulad-Meriem du cercle d'Aumale : ce différend fut réglé dans la première quinzaine d'avril par le directeur des affaires arabes d'Alger (commandant Durieu) et le chef du bureau arabe d'Aumale (commandant Ducrot).

Depuis quelque temps la banlieue et la ville même d'Aumale étaient désolées par des vols extrêmement audacieux et qui préoccupaient à juste titre les habitants et l'administration. Après de longues et laborieuses enquêtes il fut établi qu'il existait une bande de malfaiteurs parfaitement organisée ayant pour chef, ou tout au moins pour receleur, un caïd des Arib (2) nommé Ben Youcef.

---

(1) Capitaine Abdelal, plus tard général de brigade.

(2) Ainsi qu'on a pu le voir par ce qui a été dit précédemment, les Arib, organisés en aghalik, ne dépendaient pas encore d'Aumale

Dans la nuit du 2 au 3 juin, M. le sous-lieutenant Beauprêtre, du bureau arabe d'Aumale, partit avec une petite troupe de cavaliers.

Le douar du caïd Ben Youcef fut cerné et les voleurs amenés à Aumale, y furent incarcérés. Le caïd lui-même fut pris quelques jours après. Les coupables furent déférés au conseil de guerre.

Le 12 juin, M. le colonel Ladmirault, des zouaves, commandant supérieur du cercle, fut promu général de brigade et désigné pour prendre le commandement de la subdivision de Médéa. Il fut remplacé à Aumale par le colonel Canrobert, du régiment de zouaves.

Pendant ce même mois mourut Mohammed ben Kouïder, ancien caïd des caïds du Ksenna, replacé aux Adaoura Cheraga, à la suite des réclamations portées contre lui dans son premier commandement.

Il fut remplacé par El Amri ben Youcef, notable appartenant au parti français.

Depuis quelque temps le commandement avait été avisé des menées, hostiles à notre domination, auxquelles se livrait un nommé Si Saâd ben Tounès, marabout influent des Metennan, de l'aghalik des Beni-Djaâd. L'arrestation de ce personnage fut résolue. Pendant la nuit du 6 au 7 juillet, M. le lieutenant Camatte, adjoint au bureau arabe d'Aumale, qui connaissait parfaitement la région voisine de Bouïra, partit d'Aumale accompagné de M. le lieutenant Du Barail et de 30 spahis. L'expédition fut couronnée de succès : Si Saâd ben Tounès, surpris dans sa zaouïa des Metennan, fut arrêté et conduit à Aumale.

---

et faisaient partie du commandement de Tahar ben Mahieddin, khalifa du Sebaou. Il est à remarquer qu'à cette époque où les postes français étaient très éloignés les uns des autres, la susceptibilité administrative actuelle (d'ailleurs nécessaire) n'existait pas. C'est ainsi que nous voyons M. Beauprêtre, lieutenant du bureau arabe d'Aumale, procédant à une arrestation en dehors du territoire du cercle.

A la même époque, un ancien cheik insoumis des Sellamat, Zoubir bel Haouadj, se livrait à des actes de brigandage dans les environs de Bou-Saâda.

Plusieurs fractions de tribus de l'aghalik de l'Oued-Sahel persévéraient dans leur insoumission.

Au mois d'août, le caïd Ben Yahya, des Oulad-Bellil, fut invité par les Beni-Yala à se rendre dans la montagne, au village de Sameur, sous prétexte de rétablir la concorde entre deux fractions rivales. Le caïd partit avec son fils Mansour et un goum de 14 cavaliers. Mais à peine était-il arrivé à Sameur qu'il fut traitreusement assassiné avec son fils, pendant la nuit, par les Beni-Yala. Les cavaliers qui les avaient accompagnés furent dépouillés.

Au mois de septembre, un notable insoumis des Archaoua, nommé Mohammed ben Belgassem, aidé de quelques partisans, mit le feu aux gourbis du caïd de la tribu.

Celui-ci parvint néanmoins, à l'aide de ses servileurs, à sauver une partie de ses richesses qu'il déposa dans une Mechta (1) du voisinage : mais les malfaiteurs revinrent à la charge et incendièrent encore cette Mechta.

De pareils faits exigeaient impérieusement une répression.

Le 12 novembre, une colonne légère partit d'Aumale et tomba, à une heure du matin, le 13, à Aïn-Zaouïa, sur les populations coupables qui furent impitoyablement razzées.

L'organisation des commandements, adoptée à la fondation du cercle d'Aumale, n'avait pas tardé à être modifiée : les caïdats des Oulad-Mokhtar-Cheraga et des Oulad-Dya avaient été distraits du cercle d'Aumale et

---

(1) Habitation d'hiver.

dépendaient directement de Médéa. Le caïd des caïds du Dira-Supérieur, Ben Yahya ben Aïssa (1) avait quitté ce commandement pour être employé dans le Tittery.

Au mois de septembre, des difficultés s'élevèrent entre les Oulad-Mokhtar et les tribus restées dans le cercle d'Aumale au sujet des limites d'un vaste territoire appelé Guetfa, que nous avons vu plus haut occupé par la cavalerie d'Ibn Khaldoun au XIVe siècle. Le chef du bureau arabe d'Aumale s'était rencontré sur le lieu du litige avec Ben Yahya ben Aïssa, alors agha au Tittery, mais l'attitude arrogante des Oulad-Mokhtar empêcha tout arrangement et le chef du bureau arabe d'Aumale, M. Ducrot, crut devoir se retirer en réservant la solution du différend. L'agha Ben Yahya profita de ce départ pour laisser les Oulad-Mokhtar s'installer à leur aise au milieu des terrains en litige. Cette attitude incorrecte ne pouvait être tolérée. L'agha reçut un blâme ; M. le lieutenant Carrus, du bureau de Médéa, se rendit au Guetfa et s'y rencontra avec le commandant Ducrot. La question de limites fut alors réglée à l'amiable.

Dans l'Oued-Sahel les Beni-Yala se livraient toujours à

---

(1) Ben Yahia ben Aïssa est un personnage légendaire dans la subdivision de Médéa. — Guerrier dès l'adolescence, il se signala toujours par son activité remarquable, son brillant courage, son esprit aventureux, sa générosité et, après sa soumission, par son dévouement à la France. Il avait, en effet, commencé par nous combattre. Dans une rencontre sous Miliana, il servait dans les rangs de l'émir quand il eut la jambe brisée par un coup de feu que lui tira un chasseur français. Ben Yahya dut subir l'amputation qui fut pratiquée par les médecins arabes et à laquelle il survécut par miracle. Ben Yahya était universellement connu sous le sobriquet de La Jambe de Bois. Il continua d'ailleurs à monter à cheval avec la plus grande vigueur. Déjà très apprécié du commandement français à la fondation d'Aumale, il fut dans la suite nommé bach agha du Tittery. Il est mort en 1886 commandeur de la Légion d'honneur. Il avait assisté aux principaux faits d'armes de la conquête, notamment à la prise de la zmala d'Abd el Kader et à la prise de Laghouat par le général Pélissier. Il racontait avec une verve inimitable la part qu'il avait prise à ces événements. C'était le type achevé de l'homme de Maghzen.

des actes répréhensibles et méconnaissaient notre autorité.

Au mois de novembre, 60 zouaves furent envoyés d'Aumale au bordj de Bouïra pour appuyer les Oulad-Bellil contre les Beni-Yala. Ceux-ci avaient jugé à propos de feindre la soumission afin d'être libres de descendre de leurs montagnes pour labourer dans la plaine, mais leur duplicité fut bientôt reconnue.

Dans la nuit du 19 au 20 novembre 50 goumiers des Oulad-Bellil, 50 des Oulad-Driss et quelques spahis, tentèrent contre eux une razzia. Les Beni-Yala se défendirent en désespérés, mais l'avantage resta à nos goums.

Ce combat acharné n'eut d'ailleurs d'autre résultat que de rejeter définitivement et ouvertement les Beni-Yala dans l'insurrection. Cette situation ne pouvait durer sans compromettre gravement notre influence dans l'Oued-Sahel.

Dans les premiers jours de décembre le colonel Canrobert forma une colonne destinée à ravager le pays des Beni-Yala; mais à peine les troupes avaient-elles quitté Aumale que les cheiks des insoumis se présentèrent au colonel pour demander l'aman, se déclarant prêts à accepter les conditions du vainqueur.

En effet, devant toutes les troupes et tous les goums assemblés, ils livrèrent les quatre indigènes les plus compromis dans l'assassinat du caïd des Oulad-Bellil, l'incendie des gourbis du caïd des Archaoua et autres actes de brigandage.

Ils s'engagèrent en outre à payer une contribution de 10,000 francs.

Cette humiliation publique fit une grande impression sur les indigènes et les relations avec les Kabyles devinrent meilleures.

A la date du 27 décembre le cercle d'Aumale fut érigé en subdivision.

La subdivision d'Aumale devint la troisième subdivision de la division d'Alger ; le colonel Canrobert fut maintenu à sa tête.

En 1848 furent à peu près achevés les travaux du parc aux bœufs (1). Ceux de l'enceinte fortifiée furent poussés activement, notamment dans la partie Nord (ville civile). Les casernements provisoires furent terminés. — On procéda aux réparations du bordj turc de Bouïra.

1849. — Le commencement de l'année 1849 fut signalé par les démarches que fit le marabout des Illoula, Ben Ali Chérif, pour se rapprocher de nous.

Au mois de février, dans le but de s'assurer du parti que nous pourrions tirer de ce bon vouloir, le commandant Dargent, chef du poste de Bordj-bou-Arréridj et M. le capitaine Petit, du 3ᵐᵉ bataillon de chasseurs, chef du bureau arabe d'Aumale, se rencontrèrent dans les Illoula, chez Ben Ali Chérif.

Cette entrevue très cordiale redoubla les bonnes dispositions du marabout. Il promit d'employer plus que jamais son influence héréditaire au maintien de la paix.

Toutefois, dans l'intérêt même de cette influence, Si Ben Ali Chérif demanda à ne pas être investi d'un commandement officiel.

Les chefs français finirent par poser avec le marabout les bases d'un *modus vivendi* acceptable et ils se séparèrent fort contents les uns des autres.

En revenant de cette entrevue le capitaine Petit reçut la diffa chez les Beni-Yala, nouvellement soumis.

« Voilà, lui dirent-ils, la première fois qu'un Français
» reçoit la diffa chez nous ; puisse ton passage nous
» porter bonheur. »

---

(1) Cet immeuble fut affecté en 1850 à la 7ᵐᵉ compagnie de discipline ; il a conservé cette affectation, le numéro seul de la compagnie a changé. C'est un casernement très primitif et qui est resté malsain malgré les plantations qui ont été faites tout autour et les cultures du beau jardin qui l'environne.

A la même époque, le commandement saisit une lettre écrite dans les Oulad-Sidi-Aïssa aux fractions de cette tribu qui étaient en état d'insoumission. Cette lettre invitait les dissidents à persévérer dans leur révolte. Une enquête sévère fit découvrir l'auteur de ce factum, un certain Aïssa ben Bel Hout, et démontra que le caïd de la tribu, Mohammed ben Messaoud, ainsi que le khalifa du Dira-Inférieur, El Guermide, n'étaient pas étrangers à l'envoi de la lettre incriminée.

Le khalifa, qui d'ailleurs avait rendu d'éclatants services à la cause française, fut momentanément privé de son emploi. Le caïd Mohammed ben Messaoud fut révoqué et remplacé le 1er mars par Mohammed el Mebarek Oulid Mostefa.

A cette même date fut destitué, pour exactions, El Bikra ben bou Rennan, caïd des Oulad-Ali-ben-Daoud; son successeur fut Tounsi ben Atsman.

Dans les premiers jours de février, les chefs des Guechtoula et Abids de Boghni (aghalik des Flissa, dépendant d'Alger) s'étaient rendus à Aumale pour y saluer le commandant de la subdivision ; mais peu après cette visite, on apprit que la plus grande anarchie régnait aux Guechtoula : les fractions rivales se battaient et se pillaient entre elles et le désordre menaçait de gagner les tribus voisines.

Le 10 mars, le commandant Ducrot, directeur divisionnaire des affaires arabes, M. le capitaine Péchot, du bureau arabe d'Alger et le capitaine Petit, d'Aumale, se réunirent sur la limite des Guechtoula et des Nezlioua pour ramener la concorde dans ces populations.

Peu après, pour témoigner encore de son zèle, Ben Ali Chérif envoya à Aumale son parent Mohammed ben El Arbi, accompagné des chefs des Cheurfa, Beni-Mellikeuch, Beni-Mansour et Beni-Hamdoun.

Ces chefs reçurent les instructions du colonel Canrobert pour l'organisation de leur pays.

Nos ennemis faisaient toujours courir dans les tribus

des bruits dangereux pour notre domination. Un chérif, disait-on, avait paru dans l'Ouest et se préparait à insurger tout le pays. Le trouble jeté dans les esprits se manifesta au marché d'Aumale le 25 mars.

Comme les troupes sortaient de leur camp pour se rendre à la manœuvre, les Arabes, réunis sur le marché, crurent ou feignirent de croire que cette prise d'armes était dirigée contre eux. La panique s'empara des gens du marché qui s'enfuirent dans toutes les directions. L'ordre fut cependant promptement rétabli : des cavaliers envoyés immédiatement parvinrent à rassurer les fuyards, à les ramener et le marché put se terminer sans autre esclandre. Le commandement fit néanmoins procéder à plusieurs arrestations. Il se rendit notamment maître de la personne de Mohammed ben Saïd (1) indigène notable des Oulad-Sidi-Amor, ancien agha pour Abdelkader qui fomentait des troubles dans la région.

Au mois d'avril, le caïd des Oulad-Soltan fut assassiné par une fraction insurgée de sa tribu. Après ce méfait, les coupables s'enfuirent dans le Sud. Des renseignements ayant fait connaître qu'ils se trouvaient dans le Kef-Lakhdar (2), le chef du bureau arabe d'Aumale s'y transporta avec un escadron de spahis, mais il y trouva l'agha du Tittery de Médéa, Ben Yahya ben Aïssa. Ce chef, prévenu, avait pris les devants, était tombé pendant la nuit sur les Oulad-Solthan, fugitifs, et les avait battus et dispersés.

Au Nord de la subdivision, les Guechtoula (du commandement d'Alger) avaient repris leurs habitudes de désordre et s'étaient mis en insurrection ; d'un autre

---

(1) Ce Mohammed ben Saïd est le père d'El Mahadjoub, ancien chaouch du bureau arabe d'Aumale (1874) qui a ensuite longtemps commandé, comme caïd, la tribu des Oulad-Si-Amor. Il passait pour tout dévoué à la France.

(2) Montagne élevée et escarpée située sur la limite des commandements d'Aumale et de Médéa.

côté, dans l'Oued-Sahel, les Beni-Yala, incorrigibles, s'étaient livrés à des actes de pillage sur les Beni-Mansour soumis.

Un malaise général se manifestait dans tout le pays kabyle et il importait au plus haut degré de remédier à cette situation.

Le général Blangini, qui commandait la division d'Alger, se rendit à Aumale au mois de mai, et le 15 il prit le commandement d'une colonne destinée à châtier les rebelles.

Il se dirigea d'abord vers bordj Boghni et eut le 19 et le 20, dans le voisinage de ce bordj, des engagements victorieux avec les Kabyles.

Ceux-ci demandèrent l'aman ; mais dès que les troupes se furent retirées, les Beni-Yala ne remplirent plus les conditions de la soumission et, sans prendre l'initiative de l'attaque, restèrent indécis. Quant aux Beni-Mellikeuch ils ne firent aucun acte de soumission.

Au mois de juin, le goum de Bouïra, aux ordres de M. le lieutenant Camatte et le goum d'Aumale, sous le lieutenant Beauprêtre, envahirent le territoire des Beni-Yala, moissonnèrent leurs cultures et livrèrent aux flammes le village d'Oubedir.

Cette leçon ayant paru insuffisante, le 2 juillet le colonel Canrobert partit d'Aumale à la tête d'une partie de la garnison et pénétra jusque dans les montagnes des Beni-Yala.

Le village de Sameur fut pris d'assaut et incendié.

Terrifiés de voir les Français dans un pays qu'ils considéraient comme inaccessible aux troupes, les Beni-Yala se soumirent encore une fois.

Plusieurs combats furent alors livrés contre les Beni-Mellikeuch ; mais ces populations jalouses de leur indépendance et unies aux Zouaoua, laissèrent le terrain à nos troupes, s'enfuirent au milieu des rochers inaccessibles du Djurdjura et se refusèrent à toute soumission.

Le bruit courut alors de l'apparition en Kabylie d'un

nouveau derviche auquel les Arabes donnaient encore le nom de Bou-Maza.

Sur ces entrefaites, Ahmed ben Ameur, des Oulad-Sidi-Aïssa, ancien khalifa d'Abdelkader, qui, après une feinte soumission, avait obtenu de rentrer dans sa tribu, s'enfuit, emmenant avec lui douze tentes de la fraction des Oulad-Si-Moufoq.

Un goum commandé par le caïd Abdelkader ben Mohammed, des Adaoura-Gheraba, et Tounsi ben Atsman, des Oulad-Ali-ben-Daoud, se mit à la poursuite des fugitifs et les atteignit à l'Est du Zahrez-Chergui, à Oglet-el-Beida, chez les Oulad-Ameur (1) qui relevaient alors de Médéa. Mais les Oulad-Ameur se réunirent et, sans toutefois attaquer les goums d'Aumale, ils s'opposèrent en force à l'arrestation des fugitifs. Les goums durent se retirer et différer leur vengeance (août).

Pendant ce temps, le chérif des Kabyles Mohammed ben Abdallah Bou Cif commençait, par des actes de brigandage, à faire parler de lui.

Au mois de septembre, M. Beauprêtre se porta, avec 300 chevaux de goum, au-devant des Zouaoua, partisans du Chérif. La rencontre eut lieu au village des Beni-Brahim et se termina par la fuite des Zouaoua insurgés. Le goum rentra à Aumale ; mais M. Beauprêtre repartit dans la 2me quinzaine de septembre avec un nouveau goum de 400 chevaux et prit position dans les Beni-Mansour, à proximité des Cheurfa.

Le 5 octobre, M. Beauprêtre se porta avec son goum au-devant du chérif qui battait l'estrade aux environs. Un combat acharné s'engagea : le chérif avait annoncé que les fusils des partisans des Français ne partiraient pas et ce ne fut pas sans une vive appréhension que nos goumiers marchèrent à l'attaque ; mais dès que les premiers coups de feu eurent été tirés et que nos cavaliers purent se convaincre de la valeur des prophéties

---

(1) Tribu des Oulad-Nayls, dépendant aujourd'hui de Bou-Saâda.

— 44 —

du chérif, ils se ruèrent entraînés par Beauprêtre, sur les contingents insurgés.

Après une mêlée sanglante, le chérif fut tué, ses partisans mis en fuite ; le corps du chérif, son cheval et ses armes restèrent entre nos mains (1).

Le bruit de ce beau fait d'armes jeta un nouvel éclat sur la renommée de M. Beauprêtre, dont l'activité, le courage et l'impitoyable énergie étaient déjà et sont restées légendaires chez les Arabes et les Kabyles.

Le caïd Sliman ben Amara, des Ouled Farha, fut tué dans ce combat (2).

Les Beni-Mellikeuch demandèrent l'aman.

Pendant le mois de juillet, Bou Zian avait levé dans les Ziban l'étendard de la révolte et, jusqu'au mois d'octobre, l'oasis de Zaatcha avait repoussé les attaques tentées pour la réduire. — Le 9 octobre, le colonel Canrobert quitta Aumale avec un bataillon de zouaves pour rejoindre, sous les murs de Zaatcha, le général Herbillon et mettre le sceau à sa réputation de bravoure héroïque.

Il fut temporairement remplacé à Aumale par M. le lieutenant-colonel d'état-major Durrieu, directeur des affaires arabes de la province d'Alger.

Nous avons vu que les Oulad-Ameur avaient, au mois

---

(1) Pour donner une idée des mœurs de l'époque, nous remarquerons que le drapeau du chérif Bou Cif et *sa tête* furent envoyés à Alger.

(2) Le fils de ce caïd, enfant d'une douzaine d'années, avait été tué le 25 octobre 1847, par un officier de zouaves, M. Huby, dans les circonstances suivantes : M. le sous-lieutenant Huby était à la chasse avec le capitaine Malafosse, dans les Oulad-Farha, quand il fut invectivé par deux jeunes indigènes placés à environ 200 mètres et séparés des chasseurs par un ravin. M. Huby, qui comprenait quelque peu l'arabe leur répondit et, comme les injures continuaient de la part des Arabes, l'officier, pour les effrayer, les mit en joue et tira, pensant qu'ils étaient hors de portée.

Le jeune fils de Sliman ben Amara tomba mortellement atteint. M. Huby fut traduit devant un conseil de guerre.

d'août, caché des rebelles des Oulad-Sidi-Aïssa et refusé de les livrer aux goums d'Aumale.

Non contents de prendre cette attitude arrogante, ils s'étaient encore permis, au mois de septembre, de piller certaines fractions des tribus des Sellamat et Oulad-Sidi-Hadjerès, nouvellement réunies à la subdivision d'Aumale.

Pour venger toutes ces injures, 500 cavaliers de goum furent réunis dans la deuxième quinzaine d'octobre, sous les ordres de M. Beauprêtre.

Le samedi, 26 octobre, au matin, le goum tomba sur les Oulad-Ameur, mais, soit qu'ils eussent été prévenus, soit qu'ils eussent à tout hasard pris à l'avance leurs précautions, toujours est-il qu'ils se trouvaient réunis et qu'en un clin d'œil tous furent à cheval et prêts à combattre. Une lutte terrible s'engagea aussitôt et nos goums, excités par M. Beauprêtre, commençaient à presser l'ennemi quand, par malheur, le caïd des Adaoura-Gheraba, Abdelkader ben Mohammed, un de nos plus braves serviteurs, tomba mortellement frappé. Alors les deux partis s'acharnent autour de son cadavre : les nôtres s'entassent sur ce point du champ de bataille. Les Oulad-Ameur les entourent, les chargent, quelques cavaliers prennent la fuite ; enfin, malgré les exhortations de M. Beauprêtre et ses prodiges de valeur, notre goum s'enfuit en désordre. Beauprêtre, entouré de quelques braves cavaliers, couvre la retraite et se retire sain et sauf.

Les Oulad-Ameur restèrent maîtres du cadavre du caïd Abdelkader ben Mohammed et le brûlèrent.

Cette fâcheuse affaire n'eut par bonheur aucune conséquence grave : le colonel Canrobert traversait alors le pays avec ses zouaves, rassurant les tribus fidèles et intimidant les rebelles. D'ailleurs, malgré son insuccès, le combat contre les Oulad-Ameur rendit service à notre cause.

En effet, les gens de Bou-Saâda s'étaient mis en révolte à la voix de Ben Chabira et les contingents des Ouled-Ameur qui pactisaient avec les révoltés, devaient se rendre à Bou-Saâda pour leur prêter main-forte : menacés par Beauprêtre ils restèrent dans leur tribu pour le combattre : l'arrivée du colonel Canrobert à Bou-Saâda dégagea la petite garnison de ce poste et éloigna le danger un instant imminent.

C'est à la suite de ces évènements et de la prise de Zaatcha (20 novembre) que l'oasis de Bou-Saâda fut définitivement occupée ; le capitaine Pein eut le commandement du cercle.

Le 7 novembre Lakhdar ben Ahmed ben Mohammed ben Taïeb dit El Hanafi (1) neveu du caïd tué récemment à l'ennemi dans l'engagement avec les Ouled-Ameur, remplaça son oncle aux Adaoura-Gheraba.

Pendant ce même mois mourut à la colonne Canrobert le khalifa du Dira inférieur El Guermid ben Ouadah, homme de valeur qui nous avait bien servis au début de l'occupation. Il fut remplacé par son frère Ahmed ben Ouadah.

L'année 1849 fut une année de sécheresse : les sauterelles avaient fait leur apparition au mois de mai ; enfin, au mois de novembre le choléra s'était déclaré aux Oulad-Bellil, dans l'aghalik des Beni-Djaad, aux Oulad-el-Aziz et dans l'Oued-Sahel. On sait qu'il fit de nombreuses victimes dans les troupes réunies devant Zaatcha et notamment dans la colonne Canrobert.

Les travaux exécutés par le génie militaire en 1849 sont les suivants :

Achèvement du parc aux bœufs (discipline) ;

Continuation de l'enceinte fortifiée ;

Construction de télégraphes aériens, système Chappe entre Aumale et Alger ;

---

(1) Après une existence assez agitée Lakhdar ben Ahmed ben Mohammed a été nommé, pour la 2ᵉ fois en 1881, caïd des Adaoura Gheraba auxquels il commande actuellement.

Achèvement des locaux du génie ;

Continuation des travaux du quartier de cavalerie;

Ouverture des travaux du parc à fourrages et de la poudrière.

Au mois de mai 1849 d'assez importantes modifications furent apportées à l'organisation du cercle d'Aumale.

Tout le versant nord du Djurdjura dépendit d'Alger, le versant sud fut laissé à Aumale, — deux tribus de Sétif furent données à Aumale.

Voici d'ailleurs l'état des commandements à cette date :

Bach Aghalik de l'Oued-Sahel. { Aghalik des Beni-Djaâd. Caïdat de Bouïra.

Aghalik du Dira supérieur.

Grand caïdat du Dira inférieur. { Augmenté des Sellamat et Ouled Sidi Hadjerès retirés à la subdivision de Sétif.

Grand Caïdat de l'Ouennougha........ { Beni-Inthacen.. / Sous le même caïd Mohammed bel Hadj el Mokrani. \ Ouled-M'Sellem.

Enfin tout à fait à l'est, le

Caïdat indépendant des Illoula. { Sous l'autorité du marabout de Chellata, Ben Ali Chérif.

La situation de ce dernier caïdat était assez étrange ; en effet le marabout n'était pas à proprement parler un chef indigène : il aidait la cause française de son autorité et de son influence plutôt comme *allié* que comme subordonné.

L'aghalik des Arib, enclavé dans la subdivision d'Aumale, n'en faisait pas encore partie et restait dans le commandement de Tahar ben Mahieddin.

Le commandement de la subdivision d'Aumale aurait préféré voir adopter une organisation un peu différente.

Se basant sur la connexité d'intérêts qui unit les kabyles des deux versants, il aurait voulu que toute la haute partie du pays kabyle dépendît d'Aumale.

Il demandait aussi l'aghalik des Arib, dont le titulaire, Yahia ben Ferhat, successeur de son père, échappait à l'action de l'autorité d'Aumale et dont les goums ne pouvaient être employés.

Les mêmes raisons faisaient revendiquer par Aumale les Ouennougha-Cheraga que réclamait Sétif.

Par la suite il devait être fait droit, dans une certaine mesure, à ces revendications.

1850. — Un froid exceptionnel signala le commencement de l'année 1850, les neiges couvraient toutes les hautes parties du pays, les communications étaient interrompues avec certaines tribus des montagnes.

On travaillait activement à la construction des télégraphes aériens entre Alger et Aumale.

Au mois de janvier les Kabyles des Beni-bou-Drar tuèrent le frère de notre cheik des Cheurfa. — M. Beauprêtre fut envoyé dans l'Oued-Sahel et fit quelques arrestations aux Mechedalla et Beni-Yala.

Au mois de mai parut dans les Beni-Mellikeuch un nouveau Chérif nommé Mouley-Ibrahim. Ce personnage fit cause commune avec un insoumis de l'Ouennougha, nommé Mohammed ben Messaoud, également retiré aux Beni-Mellikeuch, et ces deux agitateurs entretinrent les Kabyles dans leurs idées d'indépendance et de révolte.

En pays arabe les Indigènes étaient occupés à la destruction des sauterelles, très nombreuses cette année.

Il fut procédé, au mois de mars, à l'investiture des caïds des tribus des Sellamat et des Oulad-Sidi-Hadjerès, nouvellement réunies à la subdivision d'Aumale.

Chellali ben Daoussen fut nommé aux Sellamat, Abdallah ben Ahmed ben Rabah aux Oulad-Sidi-Hadjerès. Ces chefs, bien que non encore investis, exerçaient déjà l'autorité sur leurs tribus.

A la même époque, le commandement fit pratiquer par les Indigènes et sur leur demande, une brèche dans le rocher d'Aïn-Hazem. Ce passage actuellement connu à Aumale sous le nom de Petites Portes de fer (1) donne une communication directe entre la plaine du Hamza et les tribus du Sud.

Le 26 janvier le lieutenant-colonel Durrieu avait été remplacé à Aumale par le colonel de Lourmel, du 51me de ligne. Celui-ci fut, à son tour, remplacé le 14 avril par le colonel d'état-major Borel de Bretizel.

M. de Bretizel ne resta à Aumale que jusqu'au 12 mai et y fut remplacé par le colonel d'Aurelles de Paladines, du régiment de zouaves (2).

La situation était toujours troublée dans l'Oued-Sahel.

Les Kabyles de Grebissa (Beni-Kani), les Beni-Mellikeuch, pillaient sans merci les caravanes des tribus soumises qui traversaient leur pays.

M. Beauprêtre et son goum étaient en observation aux Beni-Mansour; mais il ne pouvait s'engager dans les montagnes.

Cependant au mois de juin on apprit qu'une partie des Beni-bou-Drar, s'étaient soumis et avaient envoyé leurs

---

(1) Il est à peine nécessaire de dire que ces portes n'ont rien de commun avec les Portes de Fer, situées à l'Est des Beni-Mansour, sur la limite des départements d'Alger et de Constantine, traversées par le duc d'Orléans et le maréchal Valée, en 1839.

(2) Les mutations dans le commandement ont été fort nombreuses. Pour éviter de monotones redites nous renvoyons au Tableau des commandants du cercle et de la subdivision, à l'appendice.

chefs demander à Blida l'investiture de l'autorité française.

A la même époque, les Beni-Yergan brûlèrent un village des Beni-Aïssi, tribu soumise de l'Oued-Sahel.

Ces mêmes Beni-Yergan tentèrent peu après une razzia sur les fractions paisibles des Beni-Yala ; mais ceux-ci, soutenus par les goums de Bouïra, poursuivirent les ravisseurs, les atteignirent et rentrèrent en possession des bestiaux enlevés.

Les Beni-Yergan, après avoir perdu quelques hommes, prirent la fuite.

Quant au Chérif Mouley Ibrahim, il annonça qu'après le Rhamadan il saurait punir les tribus qui s'étaient soumises aux Français.

Le 22 septembre, un petit combat eut lieu entre les Beni-Sedkra insoumis et les Beni-Meddour.

Nous remarquerons que ces troubles locaux étaient inévitables puisque, en fait, la plus grande partie des Kabyles de la montagne n'avaient jamais reconnu notre autorité et restaient indépendants.

La paix générale de la Subdivision n'était point sérieusement troublée par ces luttes localisées.

Le 17 août, un nommé Zouaoui ben Messaoud, ancien partisan d'Abdelkader, qui jouissait aux Adaoura d'une grande influence due à son brillant courage et à son énergie, fut nommé Caïd des Caïds des Adaoura.

Au mois d'octobre, des discussions de limites s'élevèrent entre les Adaoura et les Djouab d'Aumale et les Beni-Sliman qui relevaient alors de Blida.

La question fut résolue à l'amiable par le chef du bureau arabe d'Aumale M. Petit et le Khalifa Tahar ben Mahieddin.

Dans les derniers jours de l'année, Si ben Ali Chérif, marabout des Illoula, notre allié, désespérant de convaincre les Kabyles, écrivit au colonel d'Aurelles, pour lui faire part de son désir de ne plus s'occuper des affaires politiques du pays. Mais les bonnes dispositions du marabout nous étaient si précieuses qu'il eût été impolitique de passer outre sans plus ample informé.

Aussi un Officier du bureau arabe d'Aumale se rendit à Akbou avec un goum de 300 cheveaux, pour prouver au marabout que nous étions toujours en mesure de l'appuyer et que nous n'y manquerions pas à l'occasion.

Cet officier profita de sa présence pour régler avec Si ben Ali Chérif les questions pendantes, et le marabout, rassuré, continua à nous servir.

TRAVAUX DE 1850

Achèvement de l'enceinte de la ville militaire.
Constructions des télégraphes du Ksenna et de Beïra.
Fin des travaux du magasin à poudre et du quartier de cavalerie.
Caserne d'infanterie.
Installation des disciplinaires aux parc aux bœufs.

1851. — Les tribus kabyles de l'oued Sahel étaient toujours en proie au désordre.

Au mois de janvier le goum de Beni-Mansour eut plusieurs engagements avec les rebelles et, le 26 janvier il fit sur les Beni-Mellikeuch une razzia de 400 têtes de bétail.

Au mois de février le Chérif Mouley Ibrahim tenta un coup de main sur le village des Beni-Ikhelef des Mechedalla, mais il fut repoussé.

Aux Beni-Mellikeuch parut un nouveau Chérif qui se faisait appeler El Hadj Mostafa ben Mohammed et dont le véritable nom était, paraît-il, El Hadj Moussa.

Enfin, on annonçait l'arrivée prochaine aux Beni-Mellikeuch d'un autre Chérif destiné à une certaine célébrité, Mohammed el Mejdid ben Abdelmalek, dit Bou Barla (1).

---

(1) Pour des détails sur les Chérifs Kabyles et notamment sur Bou Barla, voir l'*Histoire du Chérif Bou Barla*, par le commandant

Ce personnage, dont les antécédents sont peu connus, avait, dès son arrivée dans le pays, effacé Mouley Ibrahim, moins audacieux que lui et qui accepta d'ailleurs le second rôle.

Le 1er mars, les deux Chérifs, à la tête d'une bande d'insoumis se portèrent vers le camp de M. Beauprêtre.

Les goums de cet officier furent envoyés à la découverte et il se produisit près d'un moulin, dit de Si Abdelkerim, un vif engagement de cavalerie.

Les contingents insurgés furent repoussés, mais deux de nos goumiers, emportés par leurs chevaux jusque dans des fourrés occupés par les Beni Mellikeuch, restèrent prisonniers.

M. Beauprêtre était resté à la garde du camp avec ses Spahis.

Les deux prisonniers étaient des Oulad Ali ben Daoud. L'un d'eux, Bou Ras (1), laissé pour mort et dépouillé s'échappa le lendemain et rejoignit le camp de M. Beauprêtre. L'autre, qui était le fils de Tounsi ben Atsman, caïd des Oulad-Ali-ben-Daoud, parvint également à fuir quelques jours après.

Cette affaire douteuse, que les insurgés transformaient en un succès éclatant pour eux, augmenta la fermentation des esprits des Kabyles.

Le Chérif Bou Barla ne pouvait voir d'un œil indifférent l'influence que Ben Ali Chérif mettait au service de notre cause.

Ce marabout était donc devenu son ennemi personnel.

Le 18 mars, à la tête des contingents insurgés des Zouaoua et Beni-Mellikeuch, Bou Barla se porta à Chel-

---

Robin, *Revue africaine* 1881-1884, nos 145 à 165. Cette histoire a été aussi publiée en volume séparé. — Alger, Jourdan, 1886.

(1) Ce Bou Ras existe encore — goumier fidèle en 1851, insurgé en 1864, fidèle en 1870, il a été nommé caïd de sa tribu en 1871, mais s'est fait révoquer peu d'années après — nous le retrouverons maintes fois au cours de ces notes.

lata, sur la zaouïa de Ben Ali Chérif et s'en empara ainsi que de tous les biens du marabout.

Ce dernier, tardivement prévenu, n'eut que le temps de s'enfuir pour ne pas tomber aux mains de ses ennemis.

Cette malheureuse affaire ne pouvait qu'augmenter le prestige du nouveau Chérif et il était urgent de prendre des mesures pour arrêter les progrès de l'insurrection et rassurer les populations soumises.

Le colonel d'Aurelles devant se porter dans l'Oued-Sahel à la tête d'une petite colonne, le lieutenant-colonel Bourkaki, des zouaves, prit, par intérim, le commandement de la subdivision.

Le colonel d'Aurelles partit donc le 26 mars avec un bataillon de zouaves, l'escadron de spahis et deux pièces de montagne : Le but avoué de son expédition était de fonder à Beni-Mansour une maison de commandement.

Sur ces entrefaites le Chérif s'était fait battre complètement, le 24 mars, dans les Illoula, par les partisans de Ben Ali Chérif. Toutefois il ne tarda pas à ramener ses partisans, à piller nos tribus soumises et, enfin, à insulter par son attitude provocatrice la colonne en position à Beni-Mansour.

Désireux de mettre fin à cette situation, le colonel d'Aurelles se porta le 10 avril, avec deux bataillons de zouaves, un escadron de chasseurs d'Afrique, un escadron de spahis et de l'artillerie sur le village de Selloum occupé par le Chérif.

L'attaque eut un plein succès, le village fut enlevé et livré aux flammes, le Chérif s'enfuit aux Beni-Mellikeuch.

M. le lieutenant Husson, des zouaves, fut tué en montant à l'assaut à la tête de sa compagnie.

Cet acte de vigueur produisit dans le pays un effet salutaire.

Vers la fin du mois, le général Blangini, commandant la division d'Alger, transporta à Aumale son quartier général et comme le Chérif semblait menacer la région de Bouïra il envoya sur ce point une petite colonne dont le colonel Cassaignoles eut le commandement.

Mais bientôt Bou-Barla choisit un autre théâtre d'opérations et s'éloigna de la subdivision d'Aumale. Les troupes de Bouïra rentrèrent et le marabout Ben Ali Chérif fut réinstallé à Chellata.

Les travaux du Bordj des Beni-Mansour étaient activement poussés.

Dès le 12 juin le colonel d'Aurelles avait repris le commandement de la subdivision.

Au mois de juillet les colonnes qui opéraient contre le Chérif dans la Kabylie de Bougie rentrèrent dans leurs garnisons. Bou Barla, battu en maintes rencontres par la colonne Camou, s'était retiré aux Beni-Sedka.

Au mois de juillet, M. le lieutenant Beauprêtre ayant momentanément quitté le service des affaires indigènes, fut remplacé dans l'Oued-Sahel par M. le lieutenant de spahis Hamoud. Cet officier indigène avait avec lui un goum de 100 chevaux.

Le capitaine Abdedal ne tarda pas à le joindre dans l'Oued-Sahel; pendant l'absence du Chérif, retiré sur les pentes nord du Djurdjura, il fit payer aux Beni-Ouakour, Mechedalla, Beni-Yala et Beni-Aïdel, leurs contributions de guerre.

Au mois d'août, le lieutenant-colonel Bourbaki eut le commandement d'une colonne placée en observation à Boghni pour s'opposer, concurremment avec les goums du capitaine Péchot, du bureau arabe d'Alger et le Bach Agha de l'Oued-Sahel, Omar ben Salem, aux tentatives du Chérif sur les Guechtoula et les Archaoua.

Au mois de septembre la colonne Bourbaki prit position à Dra-el-Mizan et fut mise sous les ordres du général Cuny, qui amenait lui-même d'Alger 3 bataillons, 2 escadrons et une section d'artillerie de montagne.

Dans l'Oued-Sahel, Mohammed ben Messaoud, aventurier du Ksenna, qui avait fait cause commune avec le

Chérif, battait maintenant l'estrade pour son compte et était devenu un véritable chef de brigands.

Le 27 octobre le lieutenant Hamoud lui tendit une embuscade : son entreprise fut couronnée de succès : 12 chevaux et 7 prisonniers restèrent entre les mains de nos goums.

La présence à Beni-Mansour de nos cavaliers empêchait les Kabyles insoumis de descendre dans la plaine pour labourer et les retenait sur les hautes pentes du Djurdjura, exposés à toutes les rigueurs de la saison.

Au mois de décembre, dans un petit engagement avec les Beni-Mellikeuch insoumis, le goum des Oulad-Sidi-Hadjerès prit peur et tourna bride, caïd en tête.

Ce jeune caïd (1), dont nous avons mentionné plus haut l'investiture, fut révoqué à la suite de cet acte de pusillanimité et remplacé par Ben Rabah ben Ahmed.

A la fin de l'année 1851, les Beni-Mellikeuch, toujours insoumis, étaient étroitement bloqués par le goum de M. Hamoud et tous les indigènes de cette tribu qui tentaient de se rendre sur nos marchés ou dans les tribus amies étaient impitoyablemest arrêtés et incarcérés.

Dans le pays arabe, la tranquillité était complète.

Cependant, au mois de novembre, le commandant fit procéder à l'arrestation d'un certain Ahmed ben Abdelkader des Oulad-Si-Amor, qui se donnait des allures de Chérif et parlait de nous jeter à la mer. — Il fut envoyé à la kasba d'Alger.

En 1851, la subdivision d'Aumale perdit la tribu des Archaoua comprise dans le caïdat de Boghni, institué le 15

---

(1) Ce personnage existe encore aux Ouled-Sidi-Hadjerès. En 1871 il nous a fait une guerre acharnée et a été emprisonné à la suite de l'insurrection. Il fait maintenant de grandes protestations de dévouement. En 1847, alors que les Oulad-Sidi-Hadjerès faisaient partie de la subdivision de Sétif, son père avait été assassiné, en sa qualité de partisan des Français, à l'instigation d'un certain El Mekki ben El Hadj.

novembre par le général Pélissier, à la suite de son expédition en Kabylie.

Le lieutenant Beauprêtre, qui avait fait partie de cette expédition comme officier de Zouaves, fut nommé caïd de Boghni, avec un maghzen de 30 cavaliers des Oulad Driss, commandés par Ben Ali, ex-caïd de cette tribu.

Les constructions du bureau arabe d'Aumale furent commencées en 1851 et terminées en 1853. Les travaux de l'enceinte de la ville civile, ceux des casernes, du parc à fourrages et de la conduite d'eau furent activement poussés. Le poste télégraphique aérien de Bou-Zid fut construit (au delà du Béïra sur la route de Sétif). Enfin, la route carossable d'Alger à Aumale fut établie.

1852. — Dans les premiers jours de l'année, les principaux chefs indigènes de la subdivision furent présentés à Alger à M. le général Randon, nouvellement nommé Gouverneur général de l'Algérie.

Bou-Barla avait abandonné le territoire de la subdivision d'Aumale et était alors aux prises dans la Kabylie de Bougie avec les troupes du général Bosquet.

Les allées et venues du Chérif étaient surveillées par l'autorité militaire d'Aumale et le goum de M. Hamoud gardait toujours l'Oued-Sahel.

L'Agalik des Arib fut rattaché à la subdivision d'Aumale le 17 janvier.

Pendant ce même mois, mourut le caïd des caïds du Dira inférieur, Yahya ben Abdi.

Ce chef indigène nous avait servi avec dévouement et avait joué un rôle important dans les évènements qui avaient précédé la fondation d'Aumale. Il fut regretté du commandement.

Avant la conquête, il avait servi dans le maghzen des Turcs à Constantine. Abdelkader avait eu en lui un ennemi déterminé.

Au mois d'avril la subdivision d'Aumale perdit les quatre tribus : Beni-Mellikeuch, Beni-Kani, Beni-Ouakour et Mechedalla. Elles furent comprises dans le bach agalik des Zouaoua, à la tête duquel venait d'être placé le célèbre marabout kabyle Si el Djoudi.

Ce personnage avait fait sa soumission le 27 mars, à Dra-el-Mizan.

C'est au mois de février 1852 que fut créée l'annexe de Beni-Mansour dépendant du cercle d'Aumale. Il n'y eut plus, dès lors, d'officier français à Bouïra et M. le lieutenant Camatte rentra à Aumale.

Le premier chef de l'annexe de Beni-Mansour fut le lieutenant Jérôme David (1), du régiment de Zouaves, qui prit le 21 avril possession de son poste.

Le bordj de Bouïra fut occupé par l'agha Si Bou Zid et ses askars.

La garnison du poste de Beni-Mansour se composa de 25 hommes d'Infanterie, 12 Spahis et 60 cavaliers arabes des Arib.

Au mois d'avril, des dépôts d'œufs de sauterelles furent signalés dans le Sud : au mois de juin le capitaine Abdelal, chef du bureau arabe, se rendit anx Oulad-Sidi-Aïssa et aux Oulad-Ali-ben-Daoud, avec un goum nombreux pour diriger la foule des travailleurs arabes réunis sur les points de l'invasion. Ces efforts furent couronnés de succès et les sauterelles ne firent aucun dégât à la belle récolte de l'année.

Pendant ce mois deux mutations importantes se produisirent dans le personnel des chefs indigènes.

Le commandement des Oulad-M'sellem et Beni-Inthacen (Ouennougha-Gheraba) compris dans la subdivision d'Aumale avait été donné à Mohamed bel Hadj Mokrani, parent du khalifa de la Medjana, afin de ménager les susceptibilités de ce grand chef arabe qui revendiquait ces tribus pour son commandement.

Mais Mohammed ben El Hadj ayant provoqué par sa mauvaise administration le mécontentement de ses tri-

---

(1) Député sous l'empire et ministre en 1870 (ministère Palikao).

bus, il fut bientôt remplacé par Taïeb ben Abdallah, vieux cheik originaire du pays.

A cette époque parvint à Aumale la nouvelle du combat du 18 juin, entre les goums du capitaine Beauprêtre et le Chérif Bou Barla. Dans cet engagement, qui eut lieu à proximité de Dra-el-Mizan, le Chérif reçut à la tête une blessure grave.

Les courses de Bou Barla au nord de la subdivision d'Aumale ne laissaient pas que de produire parmi nos tribus kabyles une certaine inquiétude.

Le 30 juin, M. le lieutenant David eut un assez vif engagement avec les bandes d'insurgés des Beni-Mellikeuch, commandées par Mohammed ben Messaoud et Ahmed ben Bouzid. M. David avait reçu l'ordre de ne pas passer l'Oued-Sahel.

Dans le but de faire observer le blocus imposé aux populations insoumises, il s'était posté à proximité des gués de la rivière pour tendre une embuscade aux dissidents; mais il fut sans doute découvert, car ses vedettes se trouvèrent bientôt face à face avec les contingents des insurgés.

Les cavaliers de M. David, conduits par Mohammed ben Chenaf, chargèrent l'ennemi, mais il se laissèrent entraîner sur la rive gauche et là, se trouvèrent bientôt enveloppés par des forces supérieures. M. David ne crut pas pouvoir se dispenser de les soutenir, il franchit donc la rivière avec les 11 Spahis qu'il avait avec lui.

Le goum des Adaoura resta dans l'inaction à l'exception de trois cavaliers. Après une mêlée de quelques instants, les nôtres, pressés par les Beni-Mellikeuch, durent passer sur la rive droite : alors seulement le goum des Adaoura se décida à donner et son retour offensif nous permit de rester maîtres du terrain.

A la suite de cette affaire douteuse, le goum de M. David fut renforcé.

Peu après, Bou Barla reparut dans les Beni-Mellikeuch et tenta, en dehors de la subdivision, des coups de main sur les tribus soumises.

Le 22 juillet le goum de Ben Ali Chérif eut un engagement avec Bou-Barla et le mit en fuite.

L'agitation causée par le Chérif, heureusement localisée dans le pays kabyle, ne troubla pas la paix dont jouissaient les tribus arabes de la subdivision.

Au mois de septembre, les goums de la division de Constantine, se rendant aux courses d'Alger, traversèrent Aumale.

En novembre la nouvelle de la mise en liberté d'Abdelkader se répandit dans les tribus; elle y causa une émotion profonde et une agitation heureusement passagère. Les esprits étaient divisés : les uns se rappelaient avec regret les jours de lutte pour la religion et la liberté, et souhaitaient l'arrivée de l'émir; les autres n'avaient pas oublié les traitements rigoureux qu'il infligeait aux tribus vaincues et redoutaient de nouveaux troubles. Les populations du Tittery notamment, souvent razzées par ses contingents, parlaient avec amertume de sa domination.

La révolte qu'excitait au même moment, dans la région d'Ouargla et de Laghouat, le Chérif Mohammed ben Abdallah, était aussi commentée par les indigènes et contribuait à entretenir l'inquiétude dans les esprits.

Bou-Barla ne pouvait laisser passer ces heureuses dispositions des indigènes sans essayer de les utiliser à son profit; aussi avait-il annoncé qu'il s'emparerait, au premier jour, du bordj de Beni-Mansour. Mais la nouvelle de la prise de Laghouat et de la fuite du Chérif d'Ouargla, modéra cette fougue passagère : Bou-Barla trouva les Kabyles sourds à ses excitations et la paix ne fut pas troublée.

En pays arabe, deux caïds concussionnaires avaient été révoqués le 15 novembre. C'étaient, aux Oulad-Sidi-Hadjerès, Ben Rabah ben Ahmed, qui eut pour successeur Ahmed ben El Goumri, et, aux Oulad-Abdallah, Mohammed ben Chourar remplacé par Bou Zid ben Ganna.

C'est en 1852 que furent entrepris les travaux de construction du caravansérail de Sidi-Aïssa, sur la route d'Aumale à Bou-Saâda.

Le cercle militaire de la rue des Zouaves, commencé en 1851 avec des fonds provenant des contributions de guerre, fut terminé en 1852 (1).

1853. — En 1853 (2), Bou-Barla, qui était l'âme de tous les mouvements des Beni-Mellikeuch, se retira peu à peu de la scène, soit qu'il eût perdu son influence, soit que lui-même n'eût plus confiance dans sa cause.

Pendant toute la durée de cette année, il ne parut qu'une seule fois, le 20 mai, de sa personne à la tête des insurgés pour tenter une sortie insignifiante sur le village de Selloum.

Toute sa tactique consista à entretenir sourdement chez les Kabyles l'esprit d'opposition qui les éloignait de nous.

Au point de vue militaire, la campagne de 1853 n'offre pas un seul incident à citer ; quelques vols à main armée, tous exécutés par un petit nombre de malfaiteurs de profession, quelques embuscades, des meurtres par surprise, en un mot, brigandage et rapine, telle fut la part de la guerre sur les limites Nord-Est de la subdivision.

En pays arabe, la situation fut des plus satisfaisantes.

Un aventurier, autrefois instituteur au Maroc, se présenta chez les Beni-Amar du Ksenna sous le nom de Bou Maza et chercha à se faire des prosélytes.

Dès son apparition (mois d'août), le prétendu Chérif fut livré et expia, à la Kasba d'Alger, le ridicule de sa fanatique entreprise.

Au mois d'octobre, l'agha des Beni-Djaad, Si Allel ben

---

(1) En 1888 ce bâtiment a été désaffecté. Le cercle a été installé dans les locaux de l'ancienne subdivision supprimée. L'ancien cercle a été aménagé pour des logements d'officiers.

(2) Rapport annuel de la subdivision d'Aumale.

Merikhi, convaincu de nombreuses exactions, fut révoqué. Par suite la grande tribu des Cheurfa qu'il administrait directement fut scindée en trois fractions sous les ordres de trois caïds et l'emploi d'agha fut supprimé.

Cette mesure en faisant disparaître un grand commandement rattacha plus directement de nombreuses populations à notre autorité.

En 1853 furent terminés à Aumale le quartier d'infanterie et la manutention. Le dépôt du 2ᵉ bataillon d'infanterie légère d'Afrique fut installé à l'ancien parc aux bœufs devenu depuis casernement des disciplinaires.

Les travaux de l'hôpital militaire furent commencés.

1854. — Pendant l'année 1854, la tranquillité ne fut pas sérieusement troublée dans la subdivision d'Aumale.

Cependant le 6 février les Beni-Mellikeuch, toujours insoumis, tentèrent une razzia sur les Cheurfa ; mais ils furent repoussés.

L'alliance conclue entre les Français et les Turcs contre les Russes et les évènements de la guerre d'Orient étonnaient et préoccupaient les Indigènes.

Peu versés dans la politique européenne, ils ne pouvaient comprendre que les Turcs, peuple musulman, aient pu s'allier avec des chrétiens et, dans les premiers temps, toutes les explications les laissèrent incrédules.

Bou Barla, dont le rôle, bien effacé, se bornait à courir de tribu en tribu pour chercher de rares partisans et tenter de maigres razzias, avait, à plusieurs reprises, manifesté des velléités de soumission, mais l'autorité française voulait qu'il se rendît à discrétion, lui accordant seulement promesse de la vie. L'agitateur déchu n'avait encore pu, au mois de novembre, se résoudre à cette humiliation et était revenu aux Beni-Mellikeuch ; il n'avait plus avec lui que quatre cavaliers.

L'année 1854 devait voir la fin de sa carrière aventureuse ; nous extrayons le récit de sa mort de l'ouvrage de M. le commandant Robin :

« Le 26 décembre, dans l'après-midi, il voulut tenter
» un coup de main sur les Beni-Abbès qui labouraient
» dans la plaine et il partit accompagné de deux cava-
» liers seulement : Abdelkader El-Medboh et Arab ou
» Kerrouch et d'une soixantaine de piétons des Beni-
» Mellikeuch. Il marche en se dissimulant derrière les
» broussailles et les plis de terrain, traverse l'Oued-
» Sahel sans avoir été aperçu, court sur deux paires de
» bœufs qui labouraient, les enlève et reprend le chemin
» des Beni-Mellikeuch : Arab ou Kerrouch poussait les
» quatre bœufs devant lui.

» L'alarme avait été donnée à Tazmalt et le goum qui
» s'y trouvait sous les ordres du caïd Lakhdar ben
» Mokrani était monté précipitamment à cheval et était
» accouru sur les lieux. Bou Barla cherche à gagner à
» toute vitesse les Beni-Mellikeuch ; mais le chemin qu'il
» a pris dans la plaine de Tablast est détrempé par les
» irrigations qu'on a faites la veille. Son cheval blanc
» Djiouad qu'il montait ce jour-là ne peut plus avancer
» et déjà les cavaliers de Lakhdar arrivent sur lui et lui
» envoient des coups de fusil. Il met alors pied à terre et
» gagne rapidement un ravin boisé où on ne pouvait le
» suivre à cheval et par où il espérait pouvoir rejoindre
» ses hommes des Beni-Mellikeuch en se glissant dans
» les broussailles. Abdelkader El-Medboh et Arab ou
» Kerrouch avaient fui dans une autre direction.

» Le caïd Lakhdar n'avait avec lui en cet endroit que
» son frère Bou Mezrag et trois cavaliers ; il leur fait
» mettre pied à terre et tous se lancent à la poursuite du
» Chérif. Un des cavaliers de Lakhdar, nommé Lakhdar
» ben Derradji, aperçoit le premier le fugitif. Les deux
» coups de feu partent en même temps ; Lakhdar a la
» cuisse traversée d'une balle et Bou Barla est également
» blessé aux jambes. Celui-ci cherche encore à se traîner
» dans le ravin, mais il ne peut plus avancer ; le caïd et
» les siens arrivent. Bou Barla demande la vie sauve,
» disant qu'on aura plus de profit à le livrer vivant que

» mort ; le caïd Lakhdar voulait qu'on ne l'achevât pas ;
» mais de nouveaux coups de feu partent sur le Chérif
» et Lakhdar ben Derradji se précipite sur lui malgré sa
» blessure et lui coupe la tête avec son couteau, sans
» attendre qu'il eût cessé de vivre.

» C'est ainsi que Bou Barla termina sa carrière non
» loin de l'endroit où, 18 mois auparavant, il avait fait
» assassiner lâchement et de sang-froid le cheik Ham-
» mou Tahar ou Tadja.

» Le lendemain, la foule se pressait sur la place du
» marché de Bordj-bou-Arreridj, autour du poteau où
» on avait attaché la tête du Chérif, — près de là étaient
» exposés son cheval, ses armes, ses vêtements et son
» cachet. Cet évènement eut un grand retentissement
» dans le pays et les populations indigènes firent plu-
» sieurs journées de marche pour s'assurer que la tête
» exposée était bien réellement celle de ce Bou-Barla
» qu'on avait cru invulnérable (1). »

---

(1) D'après une lettre originale adressée par le bach agha Si El Djoudi, à M. le colonel de Neveu, chef du bureau politique à Alger, Bou Barla n'aurait pas été tué dans les circonstances qui viennent d'être relatées. Il aurait été massacré par trahison, le 17 de rabia el tsani 1271 (7 janvier 1855), dans une maison kabyle où il s'était rendu sur l'invitation du propriétaire pour recevoir la diffa. Pendant le repas plusieurs hommes apostés l'auraient entouré en se rapprochant peu à peu de lui, puis l'auraient brusquement saisi, garotté et assommé de coups de bâton. Son cadavre aurait ensuite été livré au caïd des Beni-Abbès, qui lui aurait fait couper la tête. Nous avons cru devoir rapporter la version du colonel Robin, parce que cet officier, qui a rempli pendant de longues années les fontions de chef de bureau de Fort-National, a pu puiser aux meilleures sources et s'est certainement entouré de tous les renseignements désirables. La lettre de Si Djoudi, écrite sur la première nouvelle de la mort de Bou Barla, peut n'être qu'un des nombreux racontars contradictoires que provoquent toujours, en territoire indigène, des évènements de cette nature. On peut supposer, au surplus, que Si El Djoudi n'était pas fâché de se faire l'écho d'une version qui diminuait notablement le mérite du caïd des Beni-Abbès et changeait totalement le rôle personnel de ce chef dans la capture de l'agitateur.

ORGANISATION JUDICIAIRE

Avant 1848 chaque tribu avait son cadi, chaque bureau arabe avait aussi le sien. La connaissance des affaires criminelles avait été retirée aux magistrats musulmans dès le 28 février 1841.

En 1848, par arrêtés du 29 juillet et 3 août, le général Marey Monge organisa les mahakma de cadi et les medjelès ; mais la véritable réorganisation de la justice musulmane se fit par décret impérial des 1er et 30 octobre 1854.

A cette date le nombre déjà grand des mahakma de la subdivision d'Aumale s'augmente de trois :

Les Cheurfa du Sud et Beni-Amran ;

Les Beni-Mansour ;

Les Oulad-Si-Moussa.

En 1854 fut construite la mosquée d'Aumale.

L'hôtel de la subdivision fut commencé.

Le Génie travaillait toujours à l'hôpital militaire et à l'enceinte du quartier civil.

1855. — Nous n'avons à relater pour l'année 1855 aucun évènement bien remarquable.

Les Beni-Mellikeuch continuaient toujours leurs petites attaques, leurs coups de mains sur les populations fidèles de leur voisinage, tout en simulant des offres de soumission lorsqu'ils craignaient d'être inquiétés.

C'est ainsi qu'après s'être successivement attaqués aux villages soumis des Beni-Ouakour, des Selloum et des Bou-Djelil, ils finirent par décider la défection des Bahlil.

Les gens de Beni-Hamdoun ayant refusé de suivre cet exemple, les Beni-Mellikeuch se réunirent en force, se ruèrent sur le malheureux village de leurs ennemis, l'incendièrent et le détruisirent complètement. Les habitants se réfugièrent dans le village ami de Grébissa.

Fiers de ce succès, les insoumis voulurent marcher sur ce dernier village, mais M. le lieutenant Devaux, commandant du poste de Beni-Mansour, se porta à son secours avec toutes les forces dont il disposait et repoussa complètement les agresseurs.

Néanmoins, dans le courant de septembre, une nouvelle bande de Beni-Mellikeuch s'abattit sur le village des Cheurfa auxquels ils enlevèrent 700 moutons. Tous les villages voisins, ralliés à notre cause, se réunirent aux Cheurfa pour tenter de prendre leur revanche : nous avons vu que les Bahlil avaient fait défection ; c'est contre eux que fut dirigée l'entreprise, mais elle échoua.

En même temps quelques intrigants cherchaient à pousser les Beni-Yala à la révolte : leur incarcération immédiate rendit le calme au pays.

Ce moment de tranquilité fut mis à profit pour indemniser les gens des Beni-Hamdoun, en leur donnant des terrains dans la plaine.

Au moment où les labours allaient commencer, et contre toute attente, un cheik de Grébissa qui, depuis longtemps, s'était réfugié chez les Zouaouas, revint tout à coup à la tête d'un millier de Kabyles et attaqua le village. Les habitants ne pouvaient tenir devant une force aussi considérable : ils s'enfuirent donc en emmenant tous leurs troupeaux. Le village abandonné fut livré aux flammes, mais le cheikh Saïd ben Abdesselem qui commandait l'attaque fut tué pendant la lutte.

Les bandes ennemies voulurent se porter immédiatement sur Selloum, mais M. Devaux vint encore rapidement au secours de ce village qu'il dégagea et mit en déroute la colonne des assiégeants.

Sans s'arrêter après ce premier succès, M. Devaux se porta immédiatement sur le bois d'oliviers des Beni-Mellikeuch. Ceux-ci, étonnés de cette audace, lui laissèrent cueillir toutes leurs olives qui furent rapportées aux Beni-Mansour.

Du côté de l'Est, la maison de commandement de Si

ben Ali Chérif se terminait et le marché des Illoula se transportait en ce point. Défense avait été faite aux Beni-Mellikeuch de fréquenter ce marché.

Se voyant ainsi bloqués, ils voulurent essayer de se soustraire à ces rigueurs en faisant des offres de soumission, auxquelles ils ne donnèrent d'ailleurs aucun caractère sérieux.

Le maintien du blocus parut le seul moyen de les amener à composition.

Le reste de la subdivision fut parfaitement tranquille.

1856. — Du mois de janvier au mois d'août 1856 aucun évènement ne se produit dans la subdivision.

La situation restait la même dans l'Oued-Sahel. Elle se résume en des discussions de parti entre quelques villages, des escarmouches avec les insoumis ou plutôt avec les coupeurs de route réfugiés chez eux.

Ces engagements, qui semblaient n'avoir d'autre but que de faire parler la poudre se terminaient ordinairement sans blessés de part et d'autre.

Nous citerons cependant les faits suivants :

Au mois de mars, l'arrestation d'un intrigant sans valeur, Abdallah ben Seba, saisi à sa première prédication de révolte dans les tribus Kabyles de Bouïra.

Dans le mois de mai, l'assassinat, par les Beni-Mellikeuch, du cheik de Grébissa qui nous avait donné des preuves d'intelligence et de fidélité.

Dans le mois de juin la prise de Grébissa par les insoumis et la capture, par nos cavaliers de l'Oued-Sahel, de dix coupeurs de route qui désolaient la région. Ces bandits se firent tous tuer en se défendant courageusement.

Au mois d'août l'agitation qui se manifesta dans les tribus kabyles du nord du Djurdjura réagit sur le versant de l'Oued-Sahel. Les populations qui l'habitent, toujours prêtes à saisir les occasions de lutter contre nous, n'apprirent pas sans émotion les nouvelles des progrès de l'insurrecton chez les Zouaoua, avec lesquels elles étaient unies autant par la communauté des intérêts que par des alliances de famille.

Les bruits, toujours exagérés à notre désavantage, et les nombreuses lettres répandues par les agitateurs du versant Nord suffirent pour exalter certaines têtes turbulentes et les porter à des actes qui compromirent leurs compatriotes.

De toutes les tribus de l'Oued-Sahel, celle qui excita les plus grandes inquiétudes fut l'incorrigible tribu des Beni-Yala. Les Indigènes qui la composaient avaient assassiné plusieurs de leurs caïds et se montraient animés du plus mauvais esprit.

Possédant en cas de besoin un refuge sur son territoire de la montagne et ayant des intérêts communs avec les Zouaoua insurgés, la tribu des Beni-Yala ne pouvait se résoudre à accepter définitivement notre domination.

Au moment où les insurgés étrangers à la subdivision d'Aumale livrèrent aux flammes le bordj de Boghni, quelques têtes exaltées des Beni-Yala avaient formé le projet de s'emparer d'un convoi du train conduit par quelques soldats. Ce fait eût compromis toute la tribu et l'eût jetée dans l'insurrection ouverte.

Heureusement le caïd Boudhan des Beni-Yala ayant eu connaissance des premiers rassemblements se porta aussitôt, avec ses parents et serviteurs, au nombre de 25 cavaliers, à la rencontre du convoi : il arriva en même temps que les premiers meneurs qui, n'étant pas en nombre, n'avaient pas encore tiré sur le convoi. A l'arrivée du caïd ils hésitèrent ; ce chef leur parla, leur fit craindre qu'il n'y eût d'autres cavaliers, en un mot sauva le convoi par sa conduite ferme et intelligente.

Néanmoins, à la suite de cette tentative avortée, les tentes les plus compromises s'enfuirent dans la montagne entraînant leurs proches et leurs voisins.

Le capitaine Delettre, chef du bureau arabe d'Aumale,

fut alors envoyé à Bouïra pour se rendre un compte exact de la situation. Tous les cheiks vinrent au-devant de lui et comme il était alors politique d'apaiser l'émotion, car on n'avait pas sous la main des moyens de répression suffisants, M. Delettre persuada aux cheiks de faire rentrer les tentes dissidentes dans leurs campements ordinaires de la plaine et, après de longs pourparlers, il parvint à peu près complètement au résultat cherché.

La situation resta ainsi quelque temps stationnaire. Mais bientôt la nouvelle des succès de la colonne de Dra-el-Mizan (1) se répandit dans le pays et, contrairement à ce que l'on pouvait espérer, provoqua brusquement la fuite de soixante tentes des plus compromises des Beni-Yala.

Ces tentes, saisies d'abord d'une véritable terreur panique, furent ensuite entretenues dans cet état d'insoumission par la crainte du châtiment et par les exhortation des Zouaoua qui leur offraient un refuge en cas de razzia.

Il y a lieu de signaler la conduite intelligente que tint, dans ces circonstances difficiles, l'agha Si Bou Zid, de Bouïra. Il se montra actif, prudent, dévoué et rendit les plus grands services.

C'est à lui que l'on doit de n'avoir pas vu l'insurrection faire des progrès du côté de Bouïra.

Dans les deux villages des Beni-Mansour, qui jamais ne nous avaient jusqu'alors donné de sujet de mécontentement, quelques familles passèrent à l'ennemi dans les circonstances suivantes : Un marabout de leur pays, Si Abderrahman, ayant réuni chez lui quelques-uns des habitants du village, se mit à prêcher la révolte et, pour entraîner dans l'insurrection les populations voisines, il proposa de se saisir d'un convoi des Beni-Abbès. Les

---

(1) L'insurrection des Kabyles du versant Nord avait nécessité la réunion de troupes de toutes armes venues d'Alger et qui opérèrent dans la région de Dra-el-Mizan (campagne de Kabylie, de 1856).

Mechedalla devaient concourir à cet acte de violence. L'entreprise eut un commencement d'exécution ; mais elle échoua devant l'attitude énergique du caïd du Mechedalla qui s'opposa en arme et à la tête de ses partisans à l'accomplissement de ce mauvais dessein.

Le complot avait été découvert par les révélations d'un homme de Mechedalla, que l'on avait arrêté comme suspect.

Vingt familles des Beni-Mansour, compromises dans cette affaire, s'enfuirent et se réfugièrent aux Cheurfa.

Ces derniers, après avoir beaucoup hésité, refusèrent enfin de livrer leurs hôtes. Plusieurs fois on crut que ces dissidents des Beni-Mansour rentreraient dans leur pays et ils furent, en effet, sur le point de le faire ; mais, enfin, la crainte du châtiment l'emporta et ils restèrent avec les Cheurfa.

Ceux-ci, compromis par les fugitifs des Beni-Mansour, excités par leurs voisins, les Selamna et Beni-Ouakour, se mirent dès lors en insurrection ouverte. Ils renvoyèrent leur caïd qui leur faisait une dernière sommation, brûlèrent sa maison et celles des membres de sa famille qui l'avaient suivi au bordj des Beni-Mansonr, et fortifièrent leur village en prévision d'une attaque prochaine.

Le colonel Dargent, commandant de la subdivision, se rendit aussitôt aux Beni-Mansour et y appela le peu de forces dont il pouvait disposer.

Après quelques jours d'une attente imposée par les circonstances et la faiblesse numérique de sa colonne, cet officier supérieur se porta brusquement sur le village des Cheurfa qui fut brillamment enlevé malgré sa mise en état de défense. Toutefois les troupes du génie subirent dans l'assaut des pertes assez importantes.

Le village fut incendié et complètement détruit.

Ce coup de vigueur termina pour le moment la campagne dans l'Oued-Sahel.

Les autres tribus de la subdivision s'étaient montrées

soumises et animées d'un très bon esprit ; elles avaient obéi sans se plaindre aux très nombreuses demandes d'animaux de réquisition pour les transports des colonnes de Dra-el-Mizan et de Beni-Mansour. Un goum de 409 cavaliers avait constamment été réuni ou réparti sur les points menacés.

Depuis cette époque, une garde de 115 cavaliers fut placée à l'Oued-Berdi, point intermédiaire entre Aumale et Beni-Mansour.

Les goums étaient relevés chaque mois afin de ne pas trop fatiguer les tribus.

A la fin de l'année il ne restait dans l'insoumission que 60 familles des Beni-Yala, la tribu entière des Cheurfa et enfin, quelques familles des Beni-Mansour et Beni-Ouakour, réfugiées dans la montagne.

Les populations dissidentes ne donnaient aucun sujet d'inquiétude grave, l'attitude des tribus kabyles soumises restait bonne ; quant aux Arabes ils jouissaient d'une tranquilité parfaite.

C'est en 1856 que fut organisé le pénitencier agricole indigène d'Aïn-Si-Belgassem. Il y avait alors, près de la source dite Aïn-Si-Belgassem, à environ 3 kilomètres au Nord-Est d'Aumale, une zmala de Spahis (2me escadron du 1er régiment) qui y avait été installée en 1853.

Les terrains, d'origine beylicale, comprenaient en chiffres ronds 250 hectares ; des constructions, évaluées à 27,800 fr., avaient été élevées par le Génie au compte du 2me escadron.

Le budget des centimes additionnels à l'impôt arabe désintéressa le 2me escadron par le remboursement intégral de la somme de 27,800 fr., et 20,000 fr. furent accordés pour la transformation de la zmala en pénitencier.

Les constructions d'Aïn-Si-Belkassem, coûtèrent donc 47,800 fr. (1).

---

(1) L'immeuble d'Aïn-Si-Belkassem a servi de pénitencier de 1856 à 1886. Vendu aux enchères à Alger en 1886 (avril) et adjugé pour

Ce pénitencier reçut tous les détenus indigènes punis disciplinairement par l'autorité militaire ou condamnés par les commissions disciplinaires.

C'est aussi en 1856 que fut commencée la construction de l'établissement des bains maures, non loin du parc à fourrages, entre la rue du Rempart et la rue du Commerce.

Ce bâtiment fut terminé en 1857, et coûta 24,000 fr. Il fut bâti par le Génie; les fonds arabes supportèrent la dépense.

L'enceinte de la ville fut terminée ainsi que l'hôtel de la subdivision.

Les travaux de l'hôpital militaire ne furent achevés qu'en 1863.

1857. — Au commencement de l'année 1857, la situation politique de la subdivision était donc généralement bonne. Toutefois, en raison du voisinage des tribus insoumises, un goum d'une centaine de cavaliers restait concentré à Beni-Mansour.

Le goum de l'Oued-Berdi avait été réduit à 40 chevaux; il était destiné à en imposer aux Beni-Yala dont l'attitude sans être ouvertement hostile restait douteuse.

Enfin, la présence chez les insoumis d'un grand nombre de coupeurs de route et d'autres individus dangereux réfugiés dans la montagne à la suite de vols ou d'autres crimes, forçait le commandement à établir de nombreux postes pour assurer la sécurité d'une partie des routes de la subdivision.

Cet état de choses devait bientôt se modifier.

Dès le mois de janvier, M. le lieutenant Adler, chef de l'annexe de Beni-Mansour, razzait complètement par un coup de main aussi heureux que hardi, les tentes des Beni-Yala réfugiées dans la montagne et les forçait de se rendre à discrétion.

---

la somme de 75,000 fr., il a été remis à son acquéreur, M. Pharamond de Gineste, le 17 octobre 1886.

Quelques jours après, il surprenait une bande d'insoumis au moment où elle allait enlever des bestiaux, lui blessait et lui prenait quelques hommes.

Ces deux actions vigoureuses produisirent le meilleur effet dans l'annexe de Beni-Mansour et arrêtèrent pendant quelque temps les entreprises des insurgés.

Les autres tribus de la subdivision nous gardaient une fidélité constante. Ces heureuses dispositions se manifestèrent dans plusieurs circonstances difficiles amenées par le mauvais temps de l'hiver. Ainsi des détachements de troupes surpris dans la région de Tablat par des crues subites de rivières, reçurent des populations des secours empressés. Dans des circonstances analogues, les employés des télégraphes aériens eurent aussi à se louer du bon vouloir des indigènes.

Au printemps, de nombreux détachements de troupes traversèrent la subdivision pour se concentrer vers Dra-el-Mizan et concourir à la formation des colonnes qui, sous le commandement du Gouverneur Général, Maréchal Randon, se préparaient à entrer en Kabylie pour conquérir définitivement cette région.

Les indigènes semblaient comprendre que d'importants évènements se préparaient et que nous voulions en finir avec les insurgés kabyles.

Aussi les tribus arabes restèrent-elles sourdes à la voix des Zouaoua qui les appelaient à leur secours.

Vers la fin de mai toutes les troupes étaient prêtes à agir : le massif kabyle allait être abordé simultanément de tous les côtés.

Tandis que le Maréchal Randon se dispose à pénétrer chez les Beni-Raten, avec trois divisions (Renault, Mac-Mahon, Yusuf) et que le général Maissiat, commandant la province de Constantine, concentre ses troupes à Akbou, des colonnes d'observation viennent s'établir à Dra-el-Mizan (Colonel Drouhot), à Tazmalt (colonel Marmier) et, enfin, à Beni-Mansour.

Cette dernière colonne sous les ordres du colonel

Dargent, commandant la subdivision d'Aumale, était forte de deux bataillons, deux escadrons et une section d'artillerie de montagne : sa mission consistait à retenir, sur le versant Sud du Djurdjura, les tribus kabyles insoumises qui l'habitaient et à les empêcher, par une menace continuelle, d'aller porter secours à celles du versant Nord.

Ce but fut parfaitement atteint. Le colonel Dargent, après plusieurs reconnaissances chez les Beni-Ouakour et les Beni-Kani, obtint, sans compromettre ses troupes, les plus heureux résultats.

Du côté de Bouïra, les tribus kabyles qui, l'année précédente, avaient essayé d'unir leurs efforts à ceux des tribus insoumises du versant Nord, se maintinrent dans le devoir, grâce au concours intelligent et énergique que nous donna constamment l'agha Si Bouzid.

Bientôt le succès de nos armes dans la Grande Kabylie produisit son effet dans l'Oued-Sahel : toutes les tribus insoumises du versant Sud vinrent en suppliantes demander l'aman.

Des otages furent donnés et le paiement de fortes contributions de guerre s'effectua sans aucune difficulté.

Tous les coupeurs de route et autres gens dangereux réfugiés chez les Kabyles et appartenant aux tribus arabes de la subdivision d'Aumale furent livrés à l'autorité et eurent à répondre devant la justice de leurs anciens méfaits.

Les colonnes rentrèrent dans leurs garnisons habituelles et, à la fin de l'année, la tranquilité devint si grande que les goums et un grand nombre des postes de sûreté, précédemment établis, furent licenciés.

Pendant les derniers mois de 1857, de grands développements furent donnés à la colonisation, autour d'Aumale et dans la plaine des Arib.

Un territoire de plus de 2,000 hectares fut affecté au nouveau centre créé à Bir-Rabalou.

Grâce au concours des chefs indigènes parmi lesquels

il convient de citer en première ligne l'agha des Arib Yahya ben Ferhat, les Arabes purent être déplacés sans difficulté.

C'est à la fin de l'année 1857 que furent commencés les travaux de construction des caravansérails d'El-Esnam, entre Bouïra et Beni-Mansour, et de l'Oued-Okris, sur la route d'Aumale à Sétif.

Le 28 mars, le caïd des Oulad-Sidi-Hadjerès, El Arech ben Mabrouk, fut révoqué (1) et remplacé par Si Mostefa Oulid Si Ahmed Bou Mezrag.

Au mois d'octobre, le commandement des Adaoura avait été modifié : Zouaoui ben Messaoud, nommé caïd des caïds en août 1850, avait sous ses ordres Lakhdar ben Ahmed ben Mohammed ben Taïeb, pour les Adaoura Gheraba et El Amri pour les Cheraga. Lakhdar et El Amri furent tous deux révoqués, le 15 ocobre, à la suite de désordres survenus sur le marché des Adaoura.

Zouaoui exerca directement le commandement sur les Adaouara Gheraba. Bou Ziani ben Mohammed, fils de l'ancien caïd Mohammed ben Kouïder, fut nommé caïd des Adaoura-Cheraga.

1858. — La paix générale ne fut pas troublée péndant cette année dans la subdivision d'Aumale.

En avril et en mai, à la suite du Rhamadan, le commandement crut remarquer des symptômes d'agitation causés par les Khouans de la confrérie des Derkaoua.

Un assez grand nombre d'indigènes des Oulad-Salem, Oulad-Farha, Oulad-Bou-Arif, Oulad-Meriem, Adaoura, Oulad-M'Sellem, Oulad-Si-Moussa, conduits par un mokaddem de l'ordre, nommé Mohammed ben Saïdi des Adaoura et par son khalifa Embarek ben Abdallah des Oulad-bou-Arif, se rendirent sans autorisation dans les

---

(1) Ce caïd, contre lequel avaient été portées de nombreuses réclamations, s'était acquis, au moyen d'une somme d'argent, l'appui du chaouch du bureau arabe. Ce chaouch fut révoqué pour ce fait.

Ziban (cercle de Biskra) pour y visiter le cheikh Si Mokhtar.

Ce pèlerinage n'occasionna aucun désordre, néanmoins le mokaddem et son khalifa furent arrêtés au mois de juin et incarcérés à Aumale.

Au mois d'août, un taleb des Beni-Djaâd, nommé Abderrahman ben Ahmed ben Bouzid ben Mahieddin, qui se disait Chérif et avait joué un rôle actif dans tous les mouvements dirigés contre nous, fut saisi nuitamment dans les Oulad-Mahieddin, où il s'était retiré, et envoyé sous escorte à Alger.

La situation matérielle des indigènes laissa beaucoup à désirer en 1858 : la récolte fut mauvaise, il fallut lutter au mois de mai contre les sauterelles et, au commencement de l'hiver il y eut beaucoup de misère en pays arabe.

Néanmoins les cultivateurs indigènes profitèrent des abondantes pluies de l'automne pour donner une grande extension à leurs labours.

Le 1er octobre, à deux heures de l'après-midi, une violente secousse de tremblement de terre fut ressentie dans toute la région d'Aumale. Il n'y eut pas d'accident de personnes, mais plusieurs bâtiments, notamment les casernes, subirent d'assez sérieuses avaries.

Dans les tribus, plusieurs constructions appartenant à des chefs indigènes furent ruinées.

Dans les Arib, les opérations préliminaires des créations de centres se poursuivaient avec activité. Les indigènes consentaient aux cessions territoriales qu'exigeaient ces créations. Cependant ces opérations ne paraissent pas s'être exécutées sans quelque difficulté.

Voici, à ce sujet, l'opinion du commandement local :

Extrait d'un rapport du mois de juillet 1858 (archives de la subdivision d'Aumale) :

« Il est indubitable que la question de propriété jette
» dans les tribus une inquiétude générale qui ne cessera

» que du jour où on fera un cantonnement et où on
» remettra aux Arabes des actes constituant la propriété
» collective des petites fractions ou la propriété indivi-
» duelle. Beaucoup d'indigènes parlent français, d'autres
» lisent les journaux : des paroles imprudentes pronon-
» cées devant eux, des articles parlant de refoulement
» ou de créations de villages nègres et d'importations
» considérables de noirs, sont colportés et interprétés
» de la façon la plus défavorable à notre cause. L'indi-
» gène a beaucoup de craintes pour l'avenir et ne se
» croit pas assuré d'avoir plus tard un coin de terre qui
» le fasse vivre. Le seul remède à ce malaise qui pour-
» rait être exploité contre nous à un moment donné,
» serait un cantonnement complet et définitif pour quel-
» ques tribus. »

Par décret du 13 octobre 1858, un commissariat civil fut créé à Aumale ; le district de ce commissariat fut compris dans l'arrondissement d'Alger.

Par décret du 16 octobre, M. Perrenot fut nommé commissaire civil à Aumale.

1859. — Au commencement de l'année 1859, des modifications furent apportées à l'organisation du territoire militaire dépendant de Blida : le bach-aghalik des Beni-Sliman et les Beni Miscera, sous le commandement de Tahar ben Mahieddin, passèrent dans la subdivision d'Aumale.

Le bach-aghalik des Beni-Sliman comprenait les tribus suivantes :

Beni-Moussa ;
Beni-Sliman-Cheraga ;
Beni-Sliman-Gheraba ;
Beni-Silem ;
Ahl-El-Euch ;

Oulad-M'Sellem (1) ;
Oulad-Zenim ;
Oulad-Solthan ;
Oulad-Taân ;
Beni-Mâloum ;
Oulad-Ziana ;
Melouan.

Le 14 janvier, le sieur Cousin, porteur du courrier d'Alger, fut assassiné dans la rivière de l'Isser.

Malgré tout le zèle déployé par les divers agents du commandement, le cadavre de cet européen ne put être retrouvé. Le commandant de la subdivision envoya 60 hommes du 15me d'infanterie pour fouiller le pays mais tout fut inutile. Néamoins, plusieurs indigènes furent mis en état d'arrestation, et traduits devant le Conseil de guerre de Blida.

A cette époque, la misère était grande dans les tribus arabes et le malaise se traduisait par une recrudescence de crimes et de délits.

Au mois de février une tentative d'assassinat fut commise sur Mohammed ben Gueliel (2), caïd des Beni-Inthacen qui, sans être atteint, essuya quatre coups de feu en traversant la cour de son habitation.

A la même époque des malfaiteurs mirent le feu aux gourbis du caïd des Beni-Iddou.

Enfin de nombreux actes de brigandage, et entre autres des pillages de silos, eurent lieu aux Ouled-Sidi-Moussa et aux Adaoura.

La situation de cette dernière tribu était d'ailleurs mauvaise ; les soffs ennemis se livraient à de continuelles intrigues qui nécessitaient des mesures de rigueur.

---

(1) Ne pas confondre cette tribu des Beni-Sliman avec les Oulad-M'Sellem de l'Ouennougha, à l'Est d'Aumale.

(2) Ce chef avait remplacé le 1er mars 1852 le caïd Mohammed ben El-Hadj Mokrani à la tête des Beni-Inthacen.

Lakhdar ben Ahmed ben Mohammed ben Taïeb (1), ancien caïd des Adaoura-Gheraba, révoqué en 1857 (17 octobre), fut interné, par décision du 15 février, par mesure politique, dans la subdivision d'Orléansville.

Mais l'éloignement de Lakhdar parut encore insuffisant et, sur des propositions adressées au mois d'avril à l'autorité supérieure, Zouaoui ben Messaoud, caïd des caïds Adaoura, fut nommé le 2 mai caïd des Oulad-Sidi-Hadjerès.

Le caïd Mustapha Oulid Si Ahmed bou Mezrag prit sa place aux Adaoura-Gheraba et le caïd des Oulad-Driss, Hamoud ben El-Hadj Ahmed, lieutenant de spahis fut nommé aux Adaoura-Cheraga.

Le caïd Bouziani ben Mohammed ben Kouïder se trouva ainsi sans emploi et ne fut point replacé.

En juin 1858, le prince Jérome Napoléon avait été nommé ministre de l'Algérie et de nombreuses modifications avaient brusquement été apportées aux errements suivis en matière d'administration indigène. La diminution des pouvoirs disciplinaires laissés jusqu'alors aux chefs militaires et l'institution, imparfaite à l'origine, des commissions disciplinaires, avaient eu pour conséquence immédiate une recrudescence inattendue des attentats contre les personnes et les propriétés (2).

En outre, dès le mois d'avril, la situation politique de la subdivision s'était modifiée et, au calme, avait succédé une sourde agitation.

La campagne d'Italie se préparait ; les bruits de guerre avec l'Autriche étaient commentés dans les tribus et donnaient lieu aux interprétations et aux nouvelles les plus invraisemblables.

Ainsi les Arabes disaient que les Autrichiens allaient venir en Algérie se substituer aux Français ; que déjà le général de division ne se sentant plus en sûreté à Blida

---

(1) Aujourd'hui caïd des Adaoura-Gheraba.
(2) Voir le travail de M. le commandant Rinn « *Les commissions disciplinaires.* » Alger, Jourdan, 1886.

s'était enfui à Alger : telle était l'explication donnée au changement du chef-lieu de la division.

Abdelkader, lui-même, à la tête des insurgés algériens, devait venir de Syrie et envahir l'Algérie; enfin, les Kabyles de Beni-Mansour s'attendaient à voir débarquer les Anglais sur la côte de Kabylie pour y faire le commerce de la poudre!

Au mois de mai, le départ des troupes d'Afrique pour l'Italie, accentue encore les mauvaises dispositions dont les indigènes paraissaient animés.

Toutefois ces inquiétudes et cette sourde hostilité ne tinrent pas devant la nouvelle de nos succès en Italie et dès le mois de juin la situation n'inspirait plus aucune crainte.

L'agression prononcée par les tribus marocaines sur nos populations de l'Ouest et l'expédition dirigée par le général de Martimprey contre les Beni-Snassen, au mois d'octobre, passèrent inaperçues dans la subdivision d'Aumale.

Au mois d'août, un crime fut encore commis sur la route d'Aumale à Bou-Saâda, dans la tribu des Oulad-Sidi-Hadjerès. Un européen, nommé Thaberge, fut égorgé par des coupeurs de routes avec l'indigène qui l'accompagnait; d'autres voyageurs parvinrent à se sauver en se réfugiant dans les tentes arabes du voisinage.

L'assassin fut pris et remis à la gendarmerie, mais il parvint à s'échapper.

Dans la plaine des Arib et dans les environs d'Aumale la colonisation faisait des progrès.

Au mois de juillet 1859 l'étendue des terres prises aux Arib, pour la colonisation, s'élevait déjà à 6,591 hectares, savoir :

Auberge des Trembles............... 28
Bir-Rabalou....................... 2.281
Banlieue d'Aumale. 1.800 ⎱ Décret du 7 février 1859.
Guelt-Ez-Zergua... 2.492 ⎰

Un décret, du 16 août, relatif à l'extension du territoire civil décidait en même temps la création de villages aux Trembles et à Guelt-Ez-Zerga.

Par décret impérial, du 5 septembre 1859, le centre d'Aumale fut érigé en commune, avec un maire, deux adjoints, dont un à Bir-Rabalou, et sept conseillers municipaux, dont un musulman.

Les fonctions de maire ont été remplies, jusqu'en 1870, par le commissaire civil.

Il était indispensable d'indemniser les populations auxquelles on prenait leurs meilleures terres et de leurs donner des labours ailleurs.

Au moyen d'une sorte de resserrement une partie des dépossédés put s'installer sur le territoire des Arib non englobé dans le périmètre de la colonisation.

Trois fractions : Hodban, Miaïça et Oulad-Sidi-Saïd, furent installées sur les terrains domaniaux de Bled-Mamora, à 30 kilomètres environ à l'Est d'Aumale.

Le Commandement local, aux prises avec mille difficultés, dut procéder à ces opérations d'urgence afin de calmer, dans une certaine mesure, les vives appréhensions que causait aux indigènes le retrait de terres dont ils avaient la jouissance depuis de longues années.

Il était en outre de la plus haute importance de donner les compensations avant l'époque des labours pour ne pas compromettre l'existence même des populations déplacées.

Ces opérations que la nécessité imposait d'effectuer hâtivement ne pouvaient que léser de nombreux intérêts, aussi en résultait-il un mécontentement indéniable.

L'agrandissement de la zone de colonisation autour d'Aumale avait également eu pour conséquence le déplacement et l'installation sur des terrains domaniaux de l'Oued-Djenan, de nombreuses tentes des Oulad-Driss, non moins inquiètes de leur avenir que celles des Arib.

A dater du 1er novembre, et en exécution du décret du

16 août, plusieurs groupes de population indigène, proches de la banlieue d'Aumale, furent remis à l'administration civile en même temps que les nouveaux centres des Trembles et de Bir-Rabalou.

Pendant ce même mois de novembre, une colonne de cavalerie parcourut les tribus de la subdivision. Sa présence agit utilement sur l'esprit des indigènes.

En 1859 furent achevés les caravansérails de l'Oued-Okris et d'El-Esnam.

La construction des maisons de commandement des Adaoura fut commencée.

1860. — Les rapports des premiers mois de l'année 1860, signalent l'inquiétude qui hante l'esprit des indigènes de la subdivision.

L'agrandissement du territoire civil, le déplacement des populations des Arib (1), l'incertitude de l'avenir, les

---

(1) Les Arib tiennent leur nom de Aribi ben Taïeb, chef de cette tribu au temps des Berbères ; ils habitaient à cette époque les plaines situées au Nord du Sahara algérien. Une suite d'évènements peu connus les obligea à quitter leur pays, ils franchirent alors la chaîne de montagnes qui limite la Medjana et envahirent le pays de Hamza. Après de longues luttes ils en chassèrent les Droïdes, les Chenia et les Rahman et s'emparèrent de leurs possessions. Une partie des Arib alla s'installer sur l'Oued-Mamora.

A l'arrivée des Turcs ils occupaient ces pays. Il entrait dans le système du gouvernement turc, dont l'autorité n'était appuyée que d'une force armée régulière insuffisante, de créer des colonies militaires. Le caractère guerrier des Arib convenant à une semblable institution les Turcs en firent leur Maghzen ; ils les maintinrent donc dans le Hamza et à Mamora, donnèrent à chaque Arib des armes et un cheval à titre remboursable sur le premier produit de leur travail. Les Arib furent exemptés de la contribution en espèces et assujettis seulement à quelques redevances en nature en signe de dépendance.

Organisés de la sorte, les Arib eurent sur les tribus voisines une autorité abusive qui s'exerçait au nom du gouvernement ; ils commirent des exactions de toute sorte et s'attirèrent beaucoup d'inimitiés.

Ils firent successivement partie de la province de Constantine, de celle du Tittery et enfin de la régence d'Alger.

mauvaises récoltes, causaient dans les tribus de sombres préoccupations.

En outre des émissaires venus de Tunisie et même de Syrie, répandaient chez les Arabes des nouvelles bien faites, dans les circonstances où ils se trouvaient, pour les frapper et les ébranler. Ainsi, d'après ces voyageurs, un groupe d'Algériens se constituait sur la frontière de Tunisie, il avait à sa tête deux personnages connus des Arabes Ben Naceur ben Chohra, des Larbaa de Laghouat et Omar ben Hamitouch, du Sebaou ; tout était à bon compte en Tunisie, on y vivait facilement, les terres disponibles y étaient nombreuses et de bonne qualité et il en était de même en Syrie.

La conséquence de ces propos fut une très grande quantité de demandes d'émigration adressées à l'autorité française.

Ces demandes furent rejetées pour la plupart ; cependant, au mois de mai une fraction de la tribu de l'Oued-Berdi, les Oulad-Sidi-Khaled, obtint l'autorisation de se retirer en Syrie et partit en masse laissant disponibles 2,600 hectares de terre (de médiocre qualité, il est vrai) dont on se servit pour indemniser les Arib dépossédés au profit de la colonisation.

Ce départ d'une fraction entière de population avait

Après la chute du gouvernement turc, ils jouèrent un grand rôle dans les évènements qui agitèrent le pays ; ils s'unirent aux Beni-Sliman et engagèrent des luttes avec tous leurs voisins et particulièrement avec les Oulad-Driss et les Beni-Djâad et subirent plusieurs échecs.

Chassés aussi de Mamora par les Adaoura, ils cherchèrent à se rallier aux derniers efforts des Turcs, obtinrent d'El-Hadj Ahmed, bey de Constantine, des secours en hommes et les luttes continuèrent jusqu'au jour où Abdelkader parut et calma les désordres en ralliant toutes les tribus à une même cause.

Les Arib se soumirent une première fois à une colonne française qui traversait leur pays ; mais cette soumission resta très imparfaite jusqu'en 1844, époque à laquelle cessant toute espèce d'hostilité, ils nous furent complètement acquis.

(*Archives de la subdivision d'Aumale.*)

une signification politique très précise et très fâcheuse : il indiquait le manque de confiance dans l'autorité française, le désespoir de voir la situation s'améliorer, enfin l'intention de fuir notre domination et de n'avoir plus rien de commun avec nous.

L'autorité supérieure le comprit et dès lors les nombreuses demandes de départ furent toutes repoussées (1).

Nous avons dit qu'une suite de mauvaises récoltes avait appauvri le pays : aux prises avec la nécessité, les indigènes en étaient réduits à s'adresser aux prêteurs juifs et ceux-ci, selon leurs habitudes séculaires, exploitaient de leur mieux la misère des populations :

« Pour fixer les idées, citons entre autres l'exemple
» de la tribu des Oulad-Ali-ben-Daoud.
» Cette tribu paie un impôt de 6,000 fr., à peu près,
» elle doit aux Juifs d'Aumale 11,000 fr., sans préjudice
» de ce qu'elle peut devoir à Bou-Saâda.
» Le déboursé des Juifs n'atteint certainement pas
» 5,000 fr., car voici comment ils opèrent : Un individu
» a besoin de 100 fr., je suppose, le Juif lui vend 200 fr.
» de marchandises qu'il inscrit sur son registre de com-
» merce. L'Arabe alors lui revend immédiatement cette
» même marchandise pour 100 fr. qu'il reçoit en argent.
» Les 200 fr. de marchandises inscrits au registre sont
» payables dans un court délai, bien moins d'un an. Le
» délai expiré, le Juif se gardera bien, s'il y a encore de
» la ressource chez l'Arabe, de chercher à recouvrer la
» somme tout entière, un fort à-compte lui suffit et
» l'usure continue à avoir son cours pour le restant.
» Il résulte des chiffres ci-dessus que les Juifs d'Au-
» male perçoivent sur la tribu un deuxième impôt bien
» plus fort que celui qu'elle paie à l'État, et pour peu
» que cette situation dure cette tribu sera ruinée (2). »

---

(1) Une partie des tentes des Oulad-Sidi-Khaled revint dans le pays en 1861.

(2) Rapport de février 1860. — Ces pronostics se sont en partie

Cependant, la nécessité de prendre enfin une décision relativement à la question de propriété ayant été reconnue, on commença au mois de mai, dans la région de Bouïra, les opérations du cantonnement (1) régulier des populations indigènes.

La disette se faisait cruellement sentir dans les tribus du Sud et particulièrement dans les Sellamat et Oulad-Sidi Hadjerès.

Un grand nombre de tentes de ces groupes de population obtinrent l'autorisation de se rendre provisoirement dans les tribus voisines de la division de Constantine.

Au mois de mars la révolte de quelques tribus du Hodna, promptement réprimée par le général Desmarets, commandant à Sétif, et par le colonel Pein, commandant à Batna, n'eut aucun retentissement dans la subdivision d'Aumale.

Le pays fut traversé par des troupes qui se rendaient dans la province de Constantine et, au mois de mai, une colonne de cavalerie, aux ordres du colonel De Lascours, parcourut lentement les tribus de la subdivision pour faire du vert.

En juillet, la nouvelle de l'expédition de Syrie commandée par le général d'Hautpoul parvint à la connaissance des Indigènes.

Le rôle joué dans ces circonstances par Abdelkader leur causa un étonnement sans bornes.

En vain s'efforcait-on d'expliquer aux chefs et aux no-

---

réalisés, la tribu des Oulad-Ali-ben-Daoud, jadis puissante, ne compte plus que très peu de tentes. Toutefois, à la suite des bonnes récoltes qui se sont succédé depuis 1883, la plupart des débiteurs ont payé leurs créanciers juifs.

(1) On sait que le cantonnement avait pour but de prélever sur le territoire occupé par une tribu les terres qui n'étaient point jugées indispensables à cette tribu pour vivre et de rendre la tribu cantonnée propriétaire incommutable des terres qu'on lui laissait. Les opérations du cantonnement se sont poursuivies jusqu'à la promulgation du sénatus-consulte de 1863.

tables les raisons politiques qui avaient pu motiver la conduite louable de l'ancien émir, ils ne voyaient que ce seul fait : Abdelkader uni aux chrétiens, et ils restaient stupéfaits et incrédules.

Ces étonnements firent bientôt place à l'intérêt excité par l'annonce du prochain voyage de l'empereur Napoléon III à Alger (17, 18, 19 septembre 1860).

En général tous se montrèrent très désireux de voir *le sultan des Français.*

On fit choix de 400 cavaliers arabes et 100 fantassins kabyles qui devaient composer le contingent demandé à la subdivision pour les fêtes d'Alger.

Cinq aghas ou bach-aghas et 33 caïds devaient en prendre le commandement (1).

En réalité, l'impression produite par le voyage de l'Empereur fut profonde et excellente ; car les Indigènes virent avec raison dans ce voyage une preuve d'intérêt et à cette époque les Indigènes de la subdivision d'Aumale avaient besoin d'être rassurés et encouragés.

Le ministre de l'Algérie, M. de Chasseloup-Laubat qui avait succédé au prince Napoléon, avait accompagné l'Empereur à Alger. Désireux de se rendre compte de l'état des choses, il vint à Aumale au mois d'octobre accompagné du général Yusuf.

Ce dernier se chargea de transmettre lui-même aux Indigènes les bonnes paroles du ministre.

M. de Chasseloup-Laubat ne manqua pas de rassurer ses auditeurs et de leur affirmer les sentiments de justice et d'équité dont le gouvernement français était animé vis-à-vis d'eux.

Les populations reconnaissantes lui firent escorte au retour sur toute la route d'Aumale à Alger.

Pendant cette année l'autorité française chercha à introduire en pays arabe la culture du coton.

---

(1) On avait aussi fait venir à Aumale deux magnifiques juments destinées à être présentées à Sa Majesté ; mais l'une d'elles mourut peu de jours avant le moment fixé pour le départ.

De nombreux essais furent tentés dans diverses tribus ; les résultats parurent satisfaisants et quelques ballots de coton furent expédiés à Alger. Néanmoins cette culture ne put prospérer dans le pays.

A cette époque, les bêtes fauves étaient encore fort nombreuses dans la subdivision d'Aumale : dans le seul mois de février de 1860, on ne porta pas moins de deux lions et deux panthères au chef-lieu.

Le Génie continua ses travaux en pays arabe.

Dans la plaine, alors déserte d'Aïn-Bessem, où s'élève aujourd'hui un village, on construisit la fontaine dite de Hamza.

Aux Adaoura, les maisons de commandement de Chellala furent terminées ; enfin, au Sud du Dira furent construits les barrages de l'Oued-Chib et de l'Oued-Djenan.

La justice musulmane fut réorganisée par les décrets impériaux du 31 décembre 1859 et janvier 1860.

L'arrêté ministériel 21-28 août détermina les circonscriptions judiciaires : il y en eut 17 pour la subdivision d'Aumale, du n° 17 au n° 33.

Le décret du 15 novembre attribua aux chefs des bureaux arabes et à leurs adjoints titulaires, le caractère d'officiers de police judiciaire.

L'arrêté ministériel, du 5 avril, créa une commission disciplinaire dans chaque chef-lieu de subdivision et de cercle.

1861. — La paix ne fut point troublée dans la subdivision pendant l'année 1861.

Au mois de mai, les Adaoura propagèrent dans le pays des bruits relatifs à une attaque de 200 cavaliers des Oulad-Nayl contre le poste de Djelfa, mais l'annonce de cette échauffourée laissa les indigènes de la subdivision fort indifférents.

Toutefois, comme les Adaoura avaient annoncé le fait avant qu'il ne se fût produit, l'attention du commandant fut appelée sur ces tribus, où les Khouans de l'ordre de Si Abderrahman bou Koberin devenaient nombreux.

Quelques individus obscurs, soi-disant derviches, furent arrêtés.

Pendant ce temps la colonne de cavalerie du colonel de Lascours parcourait le pays arabe et montrait aux indigènes que notre vigilance était toujours en éveil.

On reprit en 1861 dans les tribus les essais de nouvelles cultures tentés déjà les années précédentes. On s'occupa particulièrement du coton, de l'olivier et des pommes de terre.

Au mois d'août, un prêtre, M. l'abbé Taillefer, réputé pour ses connaissances agricoles, parcourut en expert les tribus des Arib de l'Ouennougha et les Oulad-Driss pour signaler les points les plus propres aux nouvelles cultures et particulières à celle de la vigne.

Les opérations du cantonnement des Oulad-Bellil se poursuivaient dans la région de Bouïra : les travaux préliminaires furent terminés au mois de juin, l'application en fut faite sur le terrain au mois de novembre.

En juin, une école kabyle fut créée à Beni-Mansour.

Les maisons de commandements de Chellala furent entièrement terminées et le génie acheva dans les Oulad-Driss le barrage de l'Oued-Chib.

Au mois d'octobre, les goums de la subdivision, conduits par le chef du bureau arabe, se rendirent à Alger pour les courses.

Ces fêtes se célébraient à cette époque avec beaucoup d'éclat ; elles étaient très suivies des indigènes et attiraient à Alger tout ce qu'il y avait de notabilités dans la province.

C'est en octobre que se répandit dans les tribus la nouvelle de la prise du Chérif Mohammed ben Abdallah, l'ancien agitateur de Laghouat — elle y produisit un effet favorable à notre domination (1).

---

(1) Mohammed ben Abdallah fut pris au mois de septembre 1861 dans le Sahara de Laghouat par une troupe de 200 cavaliers com-

1862. — Nous avons peu de choses à dire sur l'année 1862. La situation politique de la subdivision fut constamment satisfaisante, aucun fait remarquable ne se produisit.

Au mois de juin un marabout des Oulad-Sidi-Aïssa, nommé El Hadjel bel Hout, qui parcourait les tribus en annonçant la fin de notre domination, fut bientôt saisi par le caïd des Oulad-Ferha, traduit devant la commission disciplinaire et condamné à un an de prison.

A la même époque un boucher européen d'Aumale, le sieur Vaissières, qui s'était rendu à Msila pour y faire des achats de bétail, fut assassiné, en revenant à Aumale, dans les montagnes de Tirzaz sur le territoire des Oulad-Sidi-Hadjerès. Plusieurs indigènes furent mis en état d'arrestation.

L'année 1862 fut dure pour les indigènes : les récoltes, mauvaises dans le Tell, furent presque nulles dans les tribus des hauts plateaux. La misère était générale et l'administration dut venir en aide aux populations pour assurer les ensemencements de la campagne agricole 1862-1863.

Les essais de cultures de la pomme de terre, du coton, de l'olivier et de la vigne se poursuivaient néanmoins et donnaient quelques résultats.

On appliquait toujours le cantonnement aux tribus des Arib et chez les Oulad-Ferha.

Dans les Oulad-Driss le service du génie travaillait au barrage de l'Oued-Djenan.

1863. — L'évènement principal de l'année 1863 est la promulgation de la lettre manifeste de l'empereur Napoléon III annonçant que le projet de cantonnement des tribus était abandonné et que la constitution de la propriété allait être entreprise.

---

mandés par Bou Beker, fils de Si Hamza. — Mohammed ben Abdallah fut transporté en France et détenu à Perpignan. — Il obtint ultérieurement d'être interné dans la province de Constantine.

Peu après (le 22 avril), le sénatus-consulte était publié (1).

Un pareil travail ne comporte pas de notre part l'appréciation de cet acte important si diversement jugé ; mais il convient de rendre compte de l'effet qu'il produisit sur l'esprit des indigènes de la subdivision d'Aumale.

Toutes les dispositions du sénatus-consulte découlent de ce principe : « Les tribus sont propriétaires du sol qu'elles occupent. »

On comprend avec quelle joie les Arabes, dont les droits sur les terres qu'ils occupaient étaient très discutés, et, en certains points, assurément discutables, virent consacrer par un acte législatif leur droit de propriété.

C'était la certitude de l'avenir, remplaçant les justes inquiétudes soulevées par les mesures de refoulement, la jouissance assurée au lieu de la jouissance précaire. De par le sénatus-consulte, d'usufruitiers toujours menacés d'éviction, les indigènes devenaient propriétaires.

Aussi les Arabes, qui cependant se seraient certainement soumis à un cantonnement méthodique et mesuré, se voyant désormais à l'abri de cette mesure dont le caractère vexatoire n'a pas besoin d'être démontré, éprouvèrent-ils une satisfaction profonde. Il était dans la nature des choses que l'impression fut plus vive et plus durable chez les laboureurs des tribus telliennes

---

(1) Les opérations du sénatus-consulte devaient se diviser en trois parties :

1° Reconnaissance du territoire occupé par la tribu : ce territoire délimité était déclaré propriété de la tribu ;

2° Partage du territoire de la tribu entre les différentes fractions et délimitation du territoire de chaque fraction ;

3° Répartition entre les individus du territoire de leur fraction, c'est-à-dire constitution de la propriété.

Les deux premières opérations furent commencées ; mais un arrêté du commissaire extraordinaire de la République les suspendit en 1870, la 3e partie ne put être commencée nulle part. On a repris en 1888 la 1re partie des opérations. (Délimitation du territoire des tribus).

que chez les pasteurs des hauts plateaux. Nous verrons en effet ceux-ci ne pas hésiter à prendre l'année suivante une attitude hostile à la France.

Le calme régna dans le pays pendant toute l'année; mais la misère régnait aussi. — Les vols furent extrêmement nombreux.

Au mois de mars on signala officiellement plusieurs décès occasionnés par le dénuement uni, disent les rapports, aux fatigues du Rhamadan.

Mais combien de malheureux ne durent-ils pas, dans les 52 tribus dont se composait alors le cercle d'Aumale, périr obscurément à la suite des longues privations qu'ils avaient endurées.

Heureusement la récolte fut bonne, et, à la fin de l'année, la situation s'améliora (1).

Au mois de mai, quelques troubles se produisirent sur les marchés, notamment sur celui de Bouïra, où il y eut une rixe entre Arabes et Kabyles.

Ces désordres insignifiants ne tenaient à aucune cause politique et furent promptement apaisés.

En juillet, plusieurs secousses de tremblement de terre furent ressenties dans le cercle — elles furent surtout violentes le 18 pendant la nuit — il n'y eut aucun accident à déplorer.

Le 8 septembre, nouvelle secousse sans accident.

Au mois d'octobre, le caïd Hamoud des Adaoura saisit, aux cours d'une perquisition, un faux cachet en plomb, au nom de Yahya ben Arrouz, ancien cadi, alors Bach Adel de la 22me circonscription.

Plusieurs actes revêtus de ce faux cachet furent découverts. Il en fut trouvé notamment entre les mains du caïd des Oulad-Sidi-Hadjerès.

---

(1) Au mois d'avril de cette année, un arabe des Oulad-Mahia, d'Aïn-Tiziret, voulant soigner ses deux enfants malades leur administra une potion composée d'ail, de goudron et de poivre noir. Les deux malheureux enfants en moururent. Ce fait prouve où en était la thérapeutique des Arabes en 1863.

Cette affaire, dont il sera reparlé plus loin, donna lieu à une longue et laborieuse instruction.

En 1863, une école arabe-française fut construite à Beni-Mansour.

Le Génie construisit aussi en pays Arabe les fontaines d'Amrès, tribu des Oulad-Abdallah et d'El-Hadjel dans les Sellamat.

Ces utiles travaux furent terminés dans les premiers mois de 1864.

Ces deux fontaines, réparées en 1885, rendent encore les plus grands services aux indigènes du Sud.

1864. — La paix la plus profonde régnait dans la subdivision d'Aumale quand commença l'année 1864 et rien ne faisait présager une insurrection prochaine. Cependant, dès le mois de mars, la défection de Si Sliman ben Hamza et des Oulad-Sidi-Cheik était connue des indigènes. Bien que les récits des événements dont le Sud de la province d'Oran était le théâtre fussent colportés dans les tribus, ils n'y avaient encore occasionné aucune effervescence.

Le commandement put lever sans difficulté un goum de 230 cavaliers destiné à se joindre aux colonnes dont le général Yusuf allait prendre le commandement dans la subdivision de Médéa. Ce fut aussi la subdivision d'Aumale qui fournit à ces colonnes une grande partie de leurs bêtes de somme.

Toutefois, les bruits d'insurrection générale du Sud qui couraient avec persistance parmi les Arabes ne pouvaient manquer de jeter à la longue de l'inquiétude et de l'irrésolution dans leur esprit.

Ces dispositions fâcheuses ne firent que s'accentuer de jour en jour, et, au mois d'août, l'attitude de plusieurs tribus donnait des appréhensions que l'événement devait justifier.

Le 13 août un certain nombre de tribus du cercle de Boghar : Les Mouïadat, les Oulad-Mokhtar Chéraga, les

Rahman et d'autres encore, l'ex-agha Bou Dissa (1) à leur tête, font défection et se retirent vers le Sahara, menacées qu'elles sont par la colonne en formation à Ksar Boghari. Le 16 août, le général Doëns prend le commandement de cette colonne.

Pour maintenir dans le devoir les Adaoura sourdement agités, le chef du bureau arabe intérimaire d'Aumale (capitaine Migneret), occupe le point de Chellala avec 30 cavaliers fidèles de la tribu et 50 goumiers des Oulad-Driss.

La défection de l'ex-agha Bou Dissa, personnage célèbre, avait fait beaucoup d'impression sur les indigènes du pays.

Les Sellamat, Oulad-Sidi-Aïssa, Oulad-Sidi-Hadjerès et Oulad-Ali-ben-Daoud, très indécis, remontèrent néanmoins vers le Nord et se placèrent, selon l'ordre donné par l'autorité d'Aumale, sur la ligne jalonnée par les montagnes de Naga, Djebel-Abdallah, Djebel-Amrès et Djebel-Mehazzem. Elles étaient à l'abri des coups de main des insurgés et par suite moins portées à faire cause commune avec eux.

Mais la cause déterminante de la défection plus ou moins ouverte des tribus du Sud de la subdivision

---

(1) Bou Dissa était fils de Ben Aouda El Moktari, personnage des Oulad-Mokhtar qui commandait cette importante tribu lors de l'occupation de Médéa. Bou Dissa lui-même avait été investi des fonctions d'agha des Oulad-Mokhtar ; mais, à la suite d'une razzia exécutée par lui en 1863, en pleine paix, il fut révoqué, traduit devant une commission disciplinaire et condamné à un an de prison. — Il subit six mois de sa peine au pénitencier d'Aïn-Si-Belgassem près d'Aumale, et fut ensuite gracié. — Très brillant cavalier, très connu et apprécié des anciens généraux d'Afrique il combattit avec nous au début de l'insurrection de 1864 comme chef des goums des Larbâa. Mais, après la défection de ces derniers, il changea brusquement de parti et entraîna sa tribu dans la révolte. Bou Dissa fut tué en mars 1865 par les Oulad Zian, tribu de Laghouat, nouvellement soumise et qu'il voulait châtier. Bou Dissa est resté aux yeux des indigènes du cercle d'Aumale le vrai chef de l'insurrection de 1864, dans le pays. Ils nomment en effet communément l'année 1864 am Bou Dissa — l'année de Bou Dissa.

d'Aumale fut la nouvelle de l'insurrection des Oulad-Mahdi du Hodna, des Oulad-Ameur et Oulad-Ferradj de Bou-Saâda.

Le 15 septembre, des nefra se produisaient sur les marchés des Oulad-M'Sellem et des Adaoura. — Le 17, les fractions Oulad-Si-Yahya-ben-Aïssa et Oulad-Si-Mouffoq de la tribu des Oulad-Sidi-Aïssa (1), une partie des Oulad-Djedi, la moitié des Medafra et tous les Oulad-Retima de la tribu des Sellamat ainsi que plusieurs tentes des Oulad-Sidi-Hadjerès, sourdes à la voix des caïds de ces tribus, s'enfuirent brusquement vers le Sud et s'établirent en expectative sur l'Oued-El-Ham, attendant l'occasion de se joindre aux insurgés.

Déjà, à la suite de la défection des Oulad-Mokhtar, des Oulad-Mahdi et des Oulad-Ferradj, le goum commandé dans les Adaoura par le chef du bureau arabe avait dû se retirer pour prendre position au caravansérail de Sidi-Aïssa où se réunirent 200 chevaux et 100 fantassins Kabyles.

Mais le goum ayant été bientôt licencié par ordre de l'autorité supérieure, il ne restait plus le 17 septembre à Sidi-Aïssa que 100 cavaliers sous les ordres de l'agha des Arib Yahya ben Ferhat.

Les caïds Chellali ben Doussen des Sellamat et Zouaoui ben Messaoud des Oulad-Sidi-Hadjerès s'étaient retirés, avec les tentes restées fidèles, au pied des contreforts sud du Dira, à Zeboudja.

Les esprits étaient dans un tel état de fermentation aux Adaoura que les caïds Hamoud ben El Hadj Ahmed et Mohammed ben Si Ahmed Oulid bou Mezrag avaient dû se retirer à Aumale, après le départ du goum de Chellala, et les Adaoura n'étaient plus commandés que par leurs cheiks.

Dès le 18 septembre, le commandant d'Aumale avait fait d'inutiles instances auprès des tentes fugitives pour

---

(1) Ces fractions sont actuellement fondues : la 1re dans les Oulad-Si-Taïeb, la 2me dans les Oulad-Si-Ahmed.

les ramener sous l'autorité de leurs caïds ; cependant les Oulad-Sidi-Hadjerès étaient revenus pour la plupart vers le Nord dans les campements qui leur avaient été assignés aux Oulad-M'sellem ; par contre, il ne restait plus que 50 tentes fidèles des Sellamat, sous les ordres du caïd Chellali et du cheikh Bou Neidja des Oulad-Ali, les 187 autres étaient le 18 au sud du Djebel-Naga, le 19 plus au sud à El-Bouzidia, et, enfin, le 20, après avoir pillé les silos du caïd, elles avaient fait leur jonction avec les Oulad-Mahdi et les révoltés de Bou-Saâda à Oglet-el-Beïda, près du Zahrèz-Chergui.

En même temps, le fils de Yahya ben Abdi, Si Latrech, caïd des caïds du Dira inférieur, originaire des Oulad-Abdallah faisait défection avec le cadi Yahya ben Rabah en entraînant la moitié de la tribu (59 tentes), et, suivant les Sellamat, allait rejoindre les insurgés à Oglet-el-Beïda.

Les Oulad-Sidi-Aïssa, en partie décidés à la fuite, s'étaient divisés en deux groupes : l'un, formé des tentes fidèles, était resté au nord du Djebel-Naga avec le caïd ; l'autre groupe, cédant aux conseils du caïd des caïds Latreuch ben Yahya, de Mohammed ben Ouadad, caïd révoqué de la tribu des Oulad-Sidi-Moussa, et de l'ancien caïd révoqué de la tribu Mohammed ben Messaoud, s'était installé, ainsi que nous l'avons vu, sur l'Oued-el-Ham, à Bou-Merika. Il y avait là 20 tentes des Oulad-Moufoq, sauf leur cheik Aïssa ben Bouhari qui était resté fidèle, 40 tentes des Oulad-Si-Hamed, sauf encore le cheik Ali-ben-Mohammed et la fraction entière des Beni-Hamid. Auprès d'eux se trouvaient tous les Oulad-Ali-ben-Daoud très travaillés par les émissaires des insurgés et encore indécis. Comme d'ailleurs ils étaient là sur leur territoire habituel, ils ne pouvaient être considérés comme insurgés ; toutefois ils faisaient la sourde oreille aux ordres donnés pour remonter vers le Nord.

Le rassemblement ainsi formé sur l'Oued-el-Ham était de plus de 300 tentes.

Le 29 septembre, un groupe de dissidents des Oulad-Sidi-Aïssa, Sellamat, Oulad-Abdallah, tenta une razzia sur les fractions restées fidèles ; mais le goum placé à Sidi-Aïssa eut le temps d'accourir et les pillards furent repoussés.

Le samedi, 1ᵉʳ octobre, tout le rassemblement installé sur l'Oued-el-Ham, à Bou-Merika, quitta sa position pour se porter à Feid-Djemel, sur la limite des Oulad-Mokhtar du cercle de Boghar.

De là ces insoumis envoyèrent huit cavaliers conduits par le cheikh Bou Ras (1) des Oulad-Ali-ben-Daoud et le nommé Mohammed ben Embareck des Oulad-Sidi-Aïssa, pour s'entendre avec les dissidents des Oulad-Mahdi et ceux du cercle d'Aumale qui s'étaient joints à ces derniers et qui se trouvaient à Medjedel, dans le cercle de Bou-Saâda.

Ces émissaires devaient engager les insurgés de Medjedel à protéger la fuite des tentes placées à Feid-Djemel.

Les huit cavaliers arrivèrent le 2 octobre à Medjedel au moment où la colonne du colonel Le Poittevin de La Croix infligeait à Dermel aux rebelles une sérieuse leçon. Le cheikh Bou Ras et un nommé Lakhdar ben Sacri se mêlèrent, dit-on, aux combattants ; mais, à l'issue du combat, ils rebroussèrent chemin et, regagnant en hâte le cercle d'Aumale avec leurs compagnons, ils vinrent annoncer aux Oulad-Sidi-Aïssa et aux Oulad-Ali-ben-Daoud l'insuccès des insurgés. Ceux-ci, pris de peur, se hâtèrent de remonter vers le Nord et de reprendre position au milieu du territoire du cercle, espérant que leur fugue resterait ignorée. Ils s'installèrent dans les parcours d'El-Adjer.

Pendant ce temps un ancien chef des Sellamat insurgé, El Hadj Ahmed ben Ouadah, à la tête de 20 cavaliers, enlevait 23 chameaux aux Oulad-Sidi-Moussa.

---

(1) Il a déjà été question de ce Bou Ras dans les combats de l'Oued-Sahel en 1851. Nous retrouverons encore ce personnage dans la suite.

Cependant, les révoltés du cercle de Bou-Saâda battus à Dermel s'étaient portés dans le Djebel Sahari. Quant aux Oulad-Sidi-Aïssa et Oulad-Ali-ben-Daoud, ils s'unirent à quelques tentes des Oulad-Mokhtar pour piller le 3 octobre, au Guetfa, les silos des Oulad-Sidi-Belgassem, fraction restée fidèle. Il y eut là une bagarre entre les tentes soumises et les tentes insurgées.

Les Adaoura accoururent sous prétexte de séparer les combattants; mais en réalité pour aider au pillage et protéger les dissidents qui revinrent à El-Adjer avec les grains qu'ils venaient de voler.

Peu de jours après, les Oulad Ali-ben-Daoud, Oulad Mokhtar et Oulad Sidi-Aïssa, convaincus désormais qu'ils ne pourraient tromper l'autorité française sur leurs véritables dispositions, quittèrent le cercle et rejoignirent au Djebel-Sahari les insurgés de Bou-Saâda.

Sur ces entrefaites, le caïd des Oulad-Sidi-Hadjerès s'était rendu dans son pays d'origine, les Adaouras, et faisant des avances à ses anciens ennemis, il cherchait à étendre son influence sur toute la tribu. Il était campé au Sud du Djebel-Afoul et son attitude sembla alors si singulière que le commandement se demandait s'il ne convenait pas de le faire arrêter. Toutefois ce personnage n'ayant commis aucun fait d'hostilité, il ne fut pas donné suite à ce projet.

Cependant, le 7 octobre, les colonnes du colonel Guiomar, du général Liébert et du colonel Margueritte, qui exécutaient les mouvements ordonnés par le général Yusuf, avaient rencontré, cerné et complètement battu près d'Aïn-Malakoff, dans le cercle de Djelfa, les Oulad-Madhi, Oulad-Ameur, Sellamat et Oulad-Abdallah dissidents. Des milliers de chameaux, de moutons et de bœufs étaient restés entre les mains des vainqueurs et les insurgés, refoulés en désordre sur le cercle de Bou-Saâda, où les attendait la colonne de Lacroix, n'avaient qu'à se soumettre.

Les insurgés du cercle d'Aumale le comprirent, et, dès

le 12, les Oulad-Ali-ben-Daoud d'abord, les Sellamat et une partie des Oulad-Abdallah ensuite, firent des ouvertures de soumission.

Le 17 octobre, le chef du bureau arabe d'Aumale se rendit au caravansérail de Sidi-Aïssa pour donner l'aman aux tribus et leur en notifier les conditions.

Les Sellamat durent payer une somme de 31,011 francs égale au double de leur impôt zekkat et achour. En outre, ils s'obligèrent à livrer plusieurs otages.

Une somme de 9,500 francs fut immédiatement versée dans la caisse du Receveur des Contributions. Les otages dont les noms suivent furent remis entre nos mains :

Kouïder ben Tsameur, des Oulad-Ali ;

Saïd ben Ahmed et Aïssa ben Mohammed ben Ali, des Medafra ;

El Hadj Mohammed ben Youcef, cheik des Oulad Delhoum (1) ;

Messaoud ben Sliman (2), des Abidat.

Le caïd s'engagea, en outre, à livrer les nommés Derradji ben Ahmed, des Oulad-Delhoum, et Aïssa ben Abdallah, des Medafra, qui, cachés dans le pays, cherchaient à se soustraire aux recherches de l'autorité.

Les Oulad-Ali-ben-Daoud, dont le vieux caïd Tounsi ben Athsman était venu implorer piteusement le pardon, furent contraints de payer une amende de 3,597 francs, dont 1,670 furent immédiatement versés, et de livrer comme otages le cheik Bou Ras ben Abdallah et Lakhdar ben Sakri, les combattants de Dermel.

Les Oulad-Abdallah parurent trop pauvres pour qu'il fût possible de leur imposer une amende.

Quant aux Oulad-Sidi-Aïssa dissidents, qui étaient alors au Guetfa, loin de suivre l'exemple des autres tri-

---

(1) Aujourd'hui fondus dans les Ouled-Djedi.

(2) Ce dernier s'échappa des mains des cavaliers chargés de sa garde.

bus, ils s'enfuirent à Besbassi, sur la limite de la subdivision de Médéa, dès qu'ils apprirent l'arrivée au bordj de Sidi Aïssa du chef du bureau arabe.

Le caïd des caïds du Dira-Inférieur, El-Atreuch ben Yahya ben Abdi, suivi de quelques cavaliers, avait définitivement quitté le pays pour se joindre dans l'Ouest aux Oulad-Sidi-Cheik insurgés (1).

La situation était toujours mauvaise aux Adaoura ; sans caïds, livrés à l'anarchie et au désordre, ils n'obéissaient plus à aucune autorité et, sans quitter leur territoire, ils faisaient cause commune avec les fauteurs de désordre.

La nouvelle de la défection des Oulad-Nayl et de la mort du bach-agha Si Chérif ben El-Arech, tué par les insurgés le 13 octobre dans une escarmouche devant le camp de Djelfa, ne pouvaient qu'accentuer les mauvaises dispositions des Adaoura.

A cette date de nombreuses tentes insoumises des Oulad-Mokhtar de Boghar s'étaient installées au Guetfa, sur le territoire de la subdivision d'Aumale, et, tout en faisant faire à Médéa de menteuses assurances de soumission, entretenaient les Oulad-Sidi-Aïssa dans leurs idées de révolte.

Cependant, le 28 octobre, ces mêmes Oulad-Sidi-Aïssa, lassés de cette existence, firent faire des offres de soumission au général Le Rouxeau de Rosencoat qui commandait alors à Aumale. Ces offres furent accueillies dans les premiers jours de novembre.

Les Oulad-Sidi-Aïssa eurent à payer 27,000 francs et à livrer quatre otages :

Mohamed El-Messaoud ben Mohammed El-M'barek ;
Saâd Es Saoud ben Khadra ;

---

(1) Vers la fin de l'année 1864 Latreuch ben Yahya passa en Tunisie. En 1868, complètement ruiné, il fit faire par ses enfants des démarches pour obtenir l'aman et revenir aux Oulad-Abdallah, sa tribu d'origine.

El-Hadj Abdelouahab ben Sadda ;
Et Belkheir bel Hafsi (1).

Les conditions de l'aman furent remplies le 10 octobre ; néanmoins, 80 tentes de cette tribu avaient encore refusé de revenir sur leur territoire ; 40 de ces tentes se trouvaient aux Oulad-Allan, de la subdivision de Médéa, et le reste chez les Oulad-Ameur, de Bou-Saâda. Enfin, quelques individus avaient accompagné Si Latreuch dans sa fuite définitive vers l'Ouest. Une partie des Oulad-Abdallah était encore avec les insurgés et notre autorité était constamment méconnue aux Adaoura.

Le marché de cette tribu avait été interdit depuis plusieurs mois.

Les derniers événements avaient démontré l'importance d'une action plus directe du commandement sur les tribus du sud et les inconvénients de la distance qui séparait ces tribus du chef-lieu. Le général de Rosencoat proposait donc la création d'une annexe à Sidi-Aïssa ; mais il ne fut donné aucune suite à ces projets.

A la fin du mois de décembre, 33 tentes des Oulad-Abdallah (fraction des Oulad-El-Hadj) demandèrent l'aman. Le commandement imposa à cette fraction une amende de 6,084 francs. 26 tentes étaient encore avec les Oulad-Mahdi et les Oulad-Mokhtar, dissidents. Quant aux tribus du nord de la subdivision, elles ne cessèrent, heureusement, de donner, par leur promptitude à exécuter les ordres, des preuves non équivoques de leur fidélité.

Malgré l'insurrection et l'inquiétude des tribus sahariennes, le génie commença dans les derniers mois de l'année la construction du café-poste d'Aïn-el-Hadjel, dans les Sellamat, à mi-chemin d'Aumale à Bou-Saâda.

Au mois d'août, l'administration avait vendu l'immeuble des bains maures, situé dans la ville d'Aumale, à

---

(1) Les deux premiers sont morts, les deux autres existaient encore en juillet 1887.

l'angle des rues Combes et du Rempart. Cet établissement avait été construit avec des fonds provenant des centimes additionnels à l'impôt arabe.

1865. — Ainsi, au commencement de 1865, l'insurrection pouvait être considérée comme apaisée dans le cercle d'Aumale. Néanmoins, les tribus du Sud et leurs chefs, plus ou moins compromis dans les derniers évènements, conservaient une attitude embarrassée et quelque peu suspecte.

A la suite des méfaits de toute nature commis par les Adaoura en 1864, une amende de 25,091 fr. 65 leur avait été imposée. A la date du 30 janvier, le commandement de ces tribus avait été renouvelé.

Ahmoud ben El Hadj Ahmed, lieutenant de Spahis, antérieurement caïd des Adaoura-Cheraga fut nommé agha du Dira inférieur en remplacement de Latreuch ben Yahya, passé à l'ennemi.

Malgré sa conduite douteuse dans la période critique qui venait d'être traversée, Zouaoui ben Messaoud fut nommé caïd des caïds des Adaoura avec le commandement direct des Gheraba.

Mohammed ben Ahmed Oulid El Bey Bou Mezrag, antérieurement caïd des Gheraba, passa aux Cheraga et fut placé sous l'autorité de Zouaoui ben Messaoud. Le nommé El Amri ben El Amri fut nommé caïd des Oulad-Si-Hadjerès.

Au mois de février, la nouvelle de la mort de Mohammed ben Hamza, blessé mortellement le 4 février, dans le sud de la division d'Oran, au combat de Garet-Sidi-Cheik et aussi la présence d'une colonne à Aïn-Oussera, rassurèrent les esprits encore indécis, et, dès lors, la masse des indigènes de la subdivision ne s'inquiéta plus des Oulad Sidi Cheik ni de l'insurrection.

Cependant les commissions et sous-commissions destinées à exécuter sur le terrain les opérations prévues par le sénatus-consulte de 1863 se formaient dans la subdivision. Les travaux commencèrent aux Oulad-Bellil, dans la région de Bouïra, et aux Beni-Moussa, sur le revers nord des montagnes qui dominent le village de l'Arba.

Au mois d'avril, plusieurs crimes excitèrent un certain émoi parmi les populations : dans la nuit du 13 au 14 avril, un bach adel des Adaoura, Yaya ben Arrouz, fut victime d'une tentative d'assassinat. Ce magistrat avait été mandé avec un notable du pays chez le juge d'instruction d'Alger pour y être entendu au sujet de la découverte d'un faux cachet, — fait que nous avons eu occasion de mentionner antérieurement. Nos deux témoins devaient partir le lendemain.

Au milieu de la nuit du 13, un indigène s'introduisit nu dans la tente de Ben Arrouz et, à bout portant, lui tira un coup de pistolet dans le côté. Comme cet homme était parent du notable cité à témoignage en même temps que Yahya ben Arrouz, le bruit courut avec persistance en pays arabe que le notable, voulant se défaire de l'autre témoin, avait soudoyé l'assassin. Mais rien ne put être prouvé, et l'inculpé, traduit devant le conseil de guerre, bénéficia d'un acquittement, malgré l'accusation formelle portée contre lui par la victime.

Yahya ben Arrouz, guérit d'ailleurs de sa blessure, se retira dans la subdivision de Médéa et mourut quelque temps après.

Le 23 avril, la femme d'un colon fut assassinée dans la banlieue d'Aumale (territoire civil). Plusieurs indigènes furent mis en état d'arrestation.

Au mois de mai, l'opinion publique s'occupa du voyage en Algérie de l'Empereur Napoléon III.

Débarqué à Alger le 3 mai, l'Empereur quitta l'Algérie le 7 juin après avoir visité les trois provinces. Nombre de chefs de la subdivision d'Aumale se rendirent à Alger pour le voir, et, malgré leur absence simultanée, aucun désordre ne se produisit dans leurs tribus.

A la fin de mai, des bandes de sauterelles furent signalées dans le Sud, sur l'Oued-El-Ham et l'on réquisitionna les populations indigènes voisines pour les détruire.

En juin, des échos lointains des évènements du sud oranais parvinrent aux oreilles des arabes de la subdivision. D'après ces bruits, l'entente entre l'ex-agha Bou Dissa et les fils de Si Hamza était compromise, ce qui ne pouvait que refroidir encore le zèle des anciens insurgés de nos tribus du Sud.

Aux Adaoura, des désordres se produisirent le 15 juin sur le marché du jeudi. Quelques tentes de marchands furent pillées. L'instruction à laquelle donna lieu cette nefra porta à croire que ces troubles, prémédités et organisés à l'avance par les partisans d'un indigène influent n'avaient d'autre but que de démontrer la nécessité de la présence de cet indigène dans la tribu.

En effet, ce personnage appelé à Alger, avait ensuite été retenu à Aumale pour laisser le champ libre à l'officier chargé dans les Adaoura de l'enquête relative au crime commis sur la personne de Yahya ben Arrouz, et, comme il avait hâte de revenir dans sa tribu, ses partisans et lui avaient imaginé cette mise en scène qui coûta quelques marchandises aux Mozabites, assidus pourvoyeurs du marché des Adaoura.

Au mois de juillet, un jeune fils de l'ex-caïd des caïds insurgé du Dira inférieur, Latreuch ben Yahya, alors campé à Metlili des Chaâmba, avec les Oulad-Sidi-Cheïk révoltés, s'enfuit de la tente de son père et, après diverses aventures, arriva dans le cercle d'Aumale, aux Oulad-Ali-ben-Daoud, où sa mère s'était retirée.

Le 21 du même mois, deux fragments de bolide tombèrent sur le territoire de la subdivision: l'un aux Oulad-Sidi-Salem, l'autre aux Senhadja ; des échantillons furent envoyés à Alger.

Le 21 août, le cadi de la 27e circonscription (Bouïra), Rabah ben Belgassem, appelé à Aumale pour répondre des accusations portées contre lui par un justiciable, fut assassiné par ses ennemis.

Au mois d'octobre, le colonel Renson, commandant la subdivision, visita les tribus du cercle et constata, de visu, la tranquillité politique dont elles jouissaient. Il fit cependant arrêter deux émissaires des insurgés du Sud-Ouest, dont la venue dans le pays avait été dénoncée par le cheïk Bou Ras, des Oulad-Ali-ben-Daoud, compromis lui-même, comme il a été dit, dans les évènements de 1864.

A la même époque, un vieillard kabyle, nommé Si Brahim, Mokaddem de l'ordre des Rahmania, s'était rendu à la Koubba de Sidi-Hadjeres, et distribuait l'Ouerd (1) à quelques fidèles.

Dénoncé et menacé d'arrestation, il s'enfuit dans le cercle de Bordj-Bou-Arréridj.

Le 13 décembre, quatre indigènes, condamnés à mort pour avoir assassiné des Européens, furent exécutés sur la place du marché d'Aumale.

Pendant l'année 1865, le Génie construisit le réduit du caravansérail de Sidi-Aïssa, termina la fontaine et le café-poste d'Aïn-el-Hadjel, aux Sellamat, ainsi que le bâtiment de la maison des hôtes des Beni-Mansour.

A Aumale, le quartier du train, situé sur l'esplanade d'Isly, fut converti en prison indigène et aménagé pour recevoir les détenus.

1866. — Les premiers mois de l'année de 1866 furent consacrés par l'administration à régulariser les attributions territoriales consenties aux indigènes déplacés pour les besoins de la colonisation. Les opérations du sénatus-consulte, qui devaient aboutir à la constitution de la propriété, étaient alors le sujet des conversations et des préoccupations des indigènes, notamment des Arib et de la région de l'Oued-Mamora.

Le 14 février, le commandement des Oulad-Ali-ben-Daoud fut renouvelé ; au vieux caïd Tounsi ben Atsmane

---

(1) Distribuer l'Ouerd : Recruter des affiliés.

succéda son fils Ali. Quelques jours après Tounsi ben Atsmane mourait de vieillesse.

De nombreuses tentes des Sahary, originaires du cercle de Djelfa et qui s'entêtaient à résider dans la subdivision d'Aumale furent expulsées à cette époque.

Au mois de mars furent constituées en vue des opérations du sénatus-consulte, les djemaâ des Beni-Amar, des Oulad-Driss, Oulad-Ferha, Oulad-Meriem et Ouladbou-Arif. On s'occupa aussi d'apporter plus de régularité à la constatation des actes de l'état civil des indigènes, restée jusqu'à ce jour si imparfaite.

Vers cette époque se répandit, dans les tribus du Sud, la nouvelle de la mort du célèbre insurgé Bou-Dissa, tué dans une razzia qu'il avait dirigée contre les tribus fidèles du cercle de Laghouat.

Cette nouvelle produisit une certaine impression dans le pays.

Dès le mois de mars, l'esprit des indigènes se détourna des préoccupations nées de l'application du sénatus-consulte pour s'absorber dans des appréhensions d'un caractère plus grave.

Dans les tribus du Sud, la situation matérielle était mauvaise ; les dernières récoltes avaient manqué et une épizootie de bronchite sévissait sur les moutons. Ce fâcheux état de choses empira bientôt par suite d'une invasion de sauterelles ailées venant, disait-on, des régions du M'zab et qui déposèrent leurs œufs dans les tribus de la subdivision, notamment dans les aghaliks des Beni-Sliman et Beni-Djaâd et les tribus montueuses et boisées des environs d'Aumale.

Les indigènes furent employés à la destruction des œufs pendant le mois de mai ; néanmoins, dès le 19 des vols de sauterelles s'abattirent dans les environs d'Aumale et y causèrent de grands dégâts.

Au mois de juin, des éclosions nombreuses de criquets se produisirent dans le Sud de la subdivision et sur le revers du Dira. Des bandes de ces locustes, longues et profondes de plusieurs kilomètres, traversèrent les montagnes et apparurent dans les environs d'Aumale, où leurs colonnes pressées se succédèrent sans interruption (1).

Les efforts des indigènes furent impuissants devant une invasion aussi générale. Les hommes de troupe de la garnison empêchèrent à grand peine les criquets d'en-

---

(1) D'après notre expérience personnelle, il y a en Algérie deux sortes de sauterelles dangereuses :

1º La grande sauterelle jaune qui vient du Sud, généralement au mois de mai. Elle a environ 7 centimètres de longueur. Nous en avons vu des vols dans le cercle de Téniet-el-Haâd en 1877, mais nous n'avons jamais été appelé à diriger des travaux de destruction de ces sauterelles et il ne nous a pas été donné de suivre ses diverses transformations.

C'est sans doute cette sauterelle qui meurt après l'accouplement et la ponte et dont les œufs ne mettent que 3 semaines à éclore ;

2º La deuxième espèce est une sauterelle qui naît généralement vers la fin d'avril, aux premières chaleurs ; elle se présente presque immédiatement après la sortie de l'œuf sous l'aspect de poussière de charbon répandue sur le sol, sur les pierres, etc., de près c'est une sorte de petite mouche. Elle grossit assez rapidement, sa couleur devient brune, puis couleur de tabac. A cette période, les criquets, vus en masse, présentent un aspect luisant, huileux, répugnant ; puis, des rudiments d'ailes apparaissent, la sauterelle s'allonge et prend une teinte gris-rosé qu'elle garde jusqu'au moment où elle prend son vol. Ce moment arrive environ 5 ou 6 semaines après l'éclosion selon l'état de la température qui arrête ou active le développement des insectes. Les sauterelles arrivées à l'état adulte sont poussées dans des directions diverses par les vents régnants, s'abattent le soir sur terre et déposent leurs œufs généralement sur les hauts plateaux ou les montagnes limitrophes du Tell. On en a vu s'accoupler avant de prendre leur vol. Les œufs provenant de ces sauterelles, pondus généralement en juin, mettent de 9 à 10 mois à éclore.

C'est contre cette sauterelle que nous avons eu à lutter en 1885, 1886, 1887 et 1888.

Cette dernière espèce passe pour plus dangereuse que la grande sauterelle jaune.

Les Arabes appellent les grandes sauterelles Djerad-el-Arbi. Selon les contrées ils donnent différents surnoms à la petite, comme par exemple : Bou-Drissa, Bou-Merid, Adami, etc.

Le surnom de Bou-Merid (la malade) est donné au criquet parce qu'il semble se traîner comme un malade. L'appellation Adami vient de ce que le criquet met 9 mois à éclore comme les fils d'Adam.

vahir complètement la ville ; mais les sauterelles ailées qui vinrent ensuite dévorèrent toutes les plantations.

Le 12 juillet, brusquement, toutes les sauterelles qui s'étaient abbattues sur Aumale s'envolèrent et disparurent.

Pour comble de malheur, des orages épouvantables éclatèrent dans le Sud, des grêlons de la grosseur de petits œufs de poule causèrent la mort de nombreuses têtes de bétail. L'Oued-el-Ham, grossi par des pluies diluviennes sortit de son lit, déborda dans la plaine et enleva le peu de moissons que les criquets et la grêle avaient épargné.

En juin et juillet, des bandes de sauterelles ailées complétèrent l'œuvre de destruction : la récolte fut à peu près nulle et la misère devint générale.

Le 8 juillet, un incendie peu considérable se déclara à Guergour, dans les forêts du Dira.

Au mois d'août, les sauterelles avaient disparu ; mais le malaise des population se manifesta par des désordres, d'ailleurs sans gravité, sur les marchés des Arib et des Oulad-M'sellem (Beni-Sliman).

En septembre, parvint la nouvelle de la prise, au sud de Tuggurt, par notre khalifa Ali Bey, du chef de l'insurrection du Hodna en 1864, Brahim ben Abdallah ben Bou Aziz (1), ex-caïd des Souama (Oulad-Mahdi).

Les indigènes s'occupèrent un instant de cet évènement.

Au mois d'octobre le maréchal de Mac-Mahon, gouverneur général, se rendit à Aumale.

Une pluie abondante étant tombée à son arrivée et à son départ, les indigènes ne manquèrent pas de consi-

(1) Brahim ben Abdallah ben Bou Aziz avait, dit-on, été poussé secrètement à l'insurrection en 1864 par les Oulad-Mokran ; pris en 1866 dans le sud de la division de Constantine il fut successivement interné à Corte, à l'île Sainte-Marguerite, à Sidi-Ferruch et, enfin, en 1872, autorisé à résider à Alger. En 1873, il obtint de se fixer dans le cercle de Médéa, et, en 1876, il put enfin s'installer à proximité de son pays dans le cercle de Bou-Saâda, où il est encore.

dérer cette coïncidence comme un marque de la faveur céleste et ils en rapportèrent tout l'honneur au maréchal (1). Le 25 octobre, le gouverneur visita le pénitencier d'Aïn-Si-Belgassem.

Un crime horrible fut commis pendant le même mois dans le territoire civil qui avoisinait Aumale : un colon nommé Tellier avait pris le parti de garder son jardin la nuit pour faire la chasse aux maraudeurs. Il fut surpris et assailli par des assassins qui lui coupèrent la gorge. Les coupables furent arrêtés et livrés à la justice.

Enfin cette funeste année 1866 se termina au milieu des alarmes que provoquait l'apparition du choléra à Dra-el-Mizan et dans l'annexe de Beni-Mansour.

En 1866 fut construite aux Oulad-Sidi-Aïssa, au pied des pentes sud du Djebel-Naga, la fontaine d'Aïn-Si-Ahmed.

1867. — L'année 1867 qui porte partout en Algérie le nom « d'année de la misère » mérita dans la subdivision d'Aumale cette triste qualification.

Dès le mois de janvier, des actes de violence et des vols nombreux vinrent témoigner du malaise et du dénuement des indigènes : dans le nord, le choléra continuait son œuvre de destruction.

Il se déclara au mois de février chez les Métennam ; ses progrès furent d'abord assez lents pour devenir terribles en août et septembre. Dans ce dernier mois la mortalité attribuée au choléra dans la subdivision d'Aumale fut de 1133 personnes; il sévit plus particulièrement dans la région de Bouïra, tribus des Oulad-Bellil, Oulad-El-Aziz et Oued-Berdi.

Au mois de mars, des chantiers avaient été ouverts à Tablat dans le but de procurer des ressources aux indigènes; mais ce palliatif ne donna pas tous les résultats attendus.

---

(1) Dans ces circonstances les Arabes complimentent leurs hôtes en ces termes : « Ton étrier est vert » c'est-à-dire « ton arrivée fait reverdir la terre ».

Un camp de détenus indigènes avait aussi été installé à la Mésoubia sur la route d'Alger à Aumale. Il était commandé par le sergent de tirailleurs Moncassin ; la mortalité y fut considérable.

Le 25 septembre, le chef de l'annexe de Beni-Mansour, M. le lieutenant Aucapitaine, officier des plus distingués, succomba au terrible fléau. Ce malheureux officier avait perdu l'avant-veille, au bordj même des Beni-Mansour, sa femme, enlevée aussi par le choléra (1).

Pour comble de malheur les récoltes furent nulles dans le Sud et, dès le mois de mars les criquets (Bou Drissa ou Bou Merad) firent leur apparition dans les tribus des hauts plateaux et spécialement sur la ligne de hauteurs qui court des Oulad-M'sellem aux Adaoura par le djebel Amrès, le djebel Naga et le djebel Afoul. De récentes invasions ont prouvé que ces montagnes sont presque toujours les points choisis par les sauterelles pour y déposer leurs œufs.

Vers le milieu d'avril, des vols de sauterelles s'abattirent à l'Oued-Okris, dans les montagnes de l'Ouennougha et dans les Beni-Mansour.

Cette nouvelle invasion fut toutefois bien moins redoutable que celle de l'année précédente.

Dans ces tristes circonstances, la population indigène fit preuve d'une résignation stoïque et d'une grande prostation morale. C'était écrit, disaient les Arabes, et le plus grand nombre ne cherchaient même pas les moyens d'améliorer leur affreuse situation.

Nombre de gens périrent de besoin ; d'autres s'empoisonnèrent en dévorant toutes sortes d'herbes et de racines.

Devant un désastre aussi général, les secours distri-

---

(1) M. Aucapitaine et sa femme furent enterrés à côté l'un de l'autre derrière le bordj de Beni-Mansour. On voit près de ces deux tombes celle d'un médecin militaire, M. Sallès, mort la même année du choléra qu'il avait contracté en donnant des soins aux indigènes.

bués, les grains avancés par l'administration ou les particuliers ne purent que diminuer dans de faibles propositions la gravité du mal.

Le manque d'eau étant venu s'ajouter, dans le sud, aux autres causes de ruine, plusieurs tribus : les Oulad-Sidi-Aïssa, les Sellamat, les Adaoura, furent autorisées au mois de mai à émigrer vers le nord, chez les tribus limitrophes de leur territoire.

Au mois d'avril il se répandit dans le pays kabyle des bruits relatifs à l'existence à la Kelaâ des Beni-Abbès (Constantine) d'un chérif qui devait à la fin du rhamadan lever l'étendard de la révolte.

Ce chérif avait prédit, disait-on, qu'un tremblement de terre épouvantable ne laisserait que des ruines en Algérie.

Il est curieux de remarquer qu'un tremblement de terre se produisit en effet en avril; toutefois il ne causa aucun dommage.

Enfin, au mois d'octobre, la situation s'améliora quelque peu. Le choléra diminua rapidement d'intensité ; des pluies abondantes rafraîchirent la terre et on put voir avec autant d'étonnement que de joie les indigènes reprendre courage au moment des labours et donner à ces travaux la même extension que les années précédentes.

Malgré la terrible crise que traversait le pays, les opérations du sénatus consulte se poursuivirent dans plusieurs tribus, notamment dans l'Oued-Mamora, les Oulad-Ferha et les Oulad-Driss où les travaux furent commencés.

L'organisation de la justice musulmane fut modifiée en 1867. Le nombre des circonscriptions judiciaires qui était de 16 fut réduit à 10. Nous donnons ci-après cette nouvelle organisation dont nous signalerons, dans la suite de ce travail, les nombreuses modifications ultérieures.

NOMS des CIRCONSCRIPTIONS judiciaires	NUMÉROS	TRIBUS ET DOUARS de la SUBDIVISION D'AUMALE	TRIBUNAUX auxquels ressortissent les circonscriptions
Bou-Sken......	18	*Tribus* Ahl-El-Euch, Oulad-M'sellem, Oulad-Ziane, Oulad-Zenim, Oulad-Solthan, Oulad-Thaân.	
Dechmia.......	19	Oulad-Farah, Oulad-Bou-Arif, Djouab, Oulad-Meriem.	
Oum-Rerifa....	20	Oulad-Driss, Oulad-Si-Moussa, Oulad-Barka, Azel de Mamora.	
Adaoura.......	21	Adaoura-Cheraga, Adaoura-Gheraba.	
Sidi-Aïssa......	22	Oulad-Sidi-Aissa, Oulad-Ali-ben-Daoud, Oulad-Abdallah, Oulad-Selama, Oulad-Si-Amor, Oulad-Sidi-Hadjerès, Sellamat.	Alger.
Oued-Okris....	23	Oulad-M'sellem, Beni-Inthacen, Oulad-Salem, Beni-Iddou.	
Bel-Kherroub..	24	Senhadja, Beni-Maned, Oulad-Sidi-Salem; Metennam.	
El-Betham.....	25	*Douar* El-Betham. *Tribus* Beni-bel-Hassen, Cheurfa du Sud, Oulad-Selim.	
Bouïra........	26	*Douar* Oulad-Bellil. *Tribus* Oulad-El-Azziz, Merkalla, Beni-Meddour, Oued-El-Berdi.	
Aïn-Bessem....	27	*Douars* Sidi-Zouika, Aïn-Tiziret, Sidi-Khelifa, Aïn-Bessem, Koudiat-El-Amra.	

1868. — Bien que la population indigène de la subdivision d'Aumale ait eu à souffrir mille maux en 1867, elle ne fut pas la plus éprouvée de l'Algérie ; les tribus du Sud elles-mêmes, malgré leurs mauvaises récoltes, furent moins malheureuses que celles des Beni-Djaâd, Oulad-Bellil, Beni-Amar et Beni-Mansour.

Au mois de janvier 1868, le commandement d'Aumale rendait compte à l'autorité supérieure que jusqu'à cette époque on n'avait pu relever avec certitude aucun décès manifestement causé par le manque absolu de nourriture, par la faim, pour dire le mot.

Mais la situation empira dès le mois suivant. Cette période fut la plus terrible pour le pays ; car les ressources étaient alors totalement épuisées, les gens aisés, qui avaient jusqu'à ce moment aidé leurs coreligionnaires, craignant à leur tour pour eux et pour leur famille, ne donnaient plus ; les pauvres, déjà affaiblis par les privations de l'année précédente, en étaient venus au dernier degré de l'épuisement, et l'on vit les Arabes mourir de faim dans les rues de la ville d'Aumale.

Les secours qu'on leur donnait alors arrivaient trop tard ; la constitution de ces faméliques était absolument ruinée ; ils ne pouvaient digérer les aliments qu'on leur présentait.

Le nombre des vagabonds était considérable. Pour porter remède à cette situation, plusieurs mesures importantes furent prises au mois de mars.

Dans chaque tribu, les caïds eurent l'ordre rigoureux de s'opposer par tous les moyens possibles au départ des indigènes dénués de ressources. Ils devaient être retenus et nourris dans leurs tribus et fractions par les soins des djemaâ.

Les vagabonds rencontrés étaient envoyés sur des chantiers où ils étaient nourris, mais contraints à travailler.

200 indigènes (et parmi eux quelques volontaires) furent ainsi employés sur la route d'Aumale à Alger et comme

le pénitencier agricole d'Aïn-Si-Belgassem, dont l'effectif au 11 avril était de 738 détenus, ne pouvait contenir tous les indigènes arrêtés en état de vagabondage qu'on y envoyait journellement, on forma plusieurs camps où ces misérables furent employés et nourris, notamment sur la route d'Aumale à Sétif.

A la fin de mai, le nombre officiel des décès dans la subdivision depuis le 1ᵉʳ janvier, était de 1,692 sur une population d'environ 100,000 âmes (1).

Dès le mois d'avril, les criquets avaient fait leur apparition sur une ligne très étendue allant de la division de Constantine à la limite de la subdivision de Médéa à travers les tribus Oulad-M'sellem, Oulad-Si-Amor, Oulad Sidi-Aïssa, Oulad-Driss et Adaoura.

Les travailleurs indigènes furent répartis sur toute cette ligne pour barrer le passage aux criquets ; le 12ᵐᵉ bataillon de chasseurs et un escadron de spahis furent aussi employés aux travaux de destruction.

La droite de la ligne était sous les ordres de l'agha du Dira inférieur Hamoud ben El Hadj Ahmed, la gauche aux ordres du caïd des caïds des Adaoura Zouaoui ben Messaoud.

Les chasseurs du 12ᵉ bataillon montrèrent le plus grand zèle et détruisirent d'innombrables quantités d'acridiens.

La récolte fut heureusement belle dans tout le nord de la subdivision ; les tribus du Sud seules, Oulad-Ali-ben-Daoud, Oulad-Sidi-Aïssa, Sellamat, Oulad-Sidi-Hadjerès furent encore déshéritées.

Les tristes événements des deux dernières années avaient montré la nécessité de mettre des grains en réserve quand la récolte est bonne pour ne pas être pris au dépourvu lorsqu'elle manque.

Il fut donc constitué dans chaque tribu des silos de

---

(1) Les statistiques officielles donnèrent 2,263 décès dans la subdivision pour la période 1867-1868 sur une population totale de 102,165 âmes, soit 2,2 pour 100.

réserve. Ces silos entretenus par les versements des particuliers, versements dont il était soigneusement tenu compte, furent mis sous la surveillance des caïds (1).

Animés par cet exemple, les indigènes de certaines tribus, principalement dans les Arib, firent de leur propre initiative quelques approvisionnements de fourrage pour le bétail.

Au mois d'octobre, la situation générale devint meilleure, la crise était passée. Au moment des semailles, l'autorité supérieure envoya 10,000 francs aux tribus du Sud dont les récoltes avaient manqué ; les populations indigènes reprirent courage, et, aux derniers jours de l'année, on put espérer voir enfin le terme de calamités dont nous n'avons pu tracer qu'une faible et rapide esquisse.

Les travaux du sénatus-consulte eurent pour objet en 1868 les Oulad-Sidi-Khalifa, Oulad-Bou-Arib, Oulad-Driss et Beni-Amar.

C'est du mois de novembre 1868 que datent les premiers projets de création du centre de Bouïra.

1869. — Au début de l'année 1869 le commandement eut à se préoccuper de la situation intérieure des Adaoura.

Le jeudi 7 janvier le caïd des Adaoura-Cheraga, Mohammed ben Ahmed Oulid Bou Mezrag, fut attaqué en plein marché par trois jeunes gens appartenant à une des premières familles du pays. Il reçut des coups de bâton et de crosse de fusil et aurait vraisemblablement été tué, si le pistolet qu'un de ses ennemis dirigeait vers lui n'eut raté à deux reprises.

---

(1) Nous devons à la vérité de constater que ces silos de réserve ne donnèrent pas tous les résultats qu'on en attendait. Nombre de chefs indigènes y trouvèrent la source de profits illicites. Les silos de réserve établis en 1868 par l'administration ont disparu presque partout. Il y a avantage, à notre avis, à remplacer le système des silos de prévoyance par des sociétés communales de secours mutuels et de prêts de grains.

Les agresseurs du caïd des Adaoura-Cheraga furent traduits devant la commission disciplinaire, condamnés et envoyés au pénitencier de Lalla-Aouda près Orléansville.

Au commencement du mois de février parvint dans la subdivision d'Aumale la nouvelle du succès remporté par le colonel de Sonis à Oum-Debdeb, près d'Aïn-Mahdi, dans le cercle de Laghouat sur les contingents insurgés des Oulad-Sidi-Cheik aux ordres de Si Lala et Si Kaddour.

Cette nouvelle ne causa aucune émotion aux Arabes, car ils apprirent en même temps la prise d'arme des insurgés et son insuccès complet.

La lutte habituelle contre les criquets recommença vers le mois d'avril. L'invasion se présentait moins menaçante que les années précédentes : elle exigea néanmoins de sérieux efforts.

Les travaux de destruction prirent fin au mois de juin : les moissons purent être préservées.

La campagne agricole qui, au mois de février, paraissait devoir être rémunératrice pour les cultivateurs, donna en réalité de médiocres résultats à cause des vents desséchants du Sud qui régnèrent pendant le mois de mai.

Les tribus nomades, Oulad-Sidi-Aïssa, Oulad-Abdallah, Oulad-Sidi-Hadjerès, Sellamat, Oulad-Ali-ben-Daoud, privées de récoltes et manquant d'eau durent quitter leur pays désolé et chercher dans les tribus du Tell des régions plus hospitalières. Il se produisit, au mois de juin, un fait assez rare ; personne ne se présenta au marché des Oulad-Sidi-Aïssa qui resta complètement désert.

Sur les exhortations de l'autorité supérieure et à l'aide des semences qu'elle avait fournies, certaines tribus avaient donné une assez grande extension à la culture de la pomme de terre. On espérait de grands résultats de ces tentatives, malheureusement la récolte fut médiocre, et il ne paraît pas que les indigènes aient reconnu l'excellence de cette culture; car, aujourd'hui, bien rares sont ceux qui s'y adonnent en pays arabe.

Au mois d'août, plusieurs vols de sauterelles furent signalés en divers points et notamment dans les Oulad-Ferha.

Pendant toute cette année, la subdivision ne cessa de jouir d'une paix profonde, et, bien que les populations fussent encore éprouvées et besogneuses on ne vit plus les invasions de vagabonds faméliques qui avaient si tristement caractérisé les dernières années.

Au moment des labours d'hiver, les pluies étant tombées en abondance, chacun se prépara aux travaux des champs avec l'espoir d'avoir enfin une bonne récolte. Le prix des grains augmenta, l'orge se payait 17 fr. l'hectolitre et le blé 27 francs. Quant aux bœufs de labour qui se paient couramment 100 fr. au plus, ils montèrent en pays arabe au prix excessif de 200 et 250 fr. pièce.

Les silos de prévoyance constitués dans chaque tribu donnaient des résultats généralement satisfaisants.

1870. — Le colonel de Sonis avait récemment quitté le commandement du cercle de Laghouat pour prendre celui de la subdivision d'Aumale. Désireux de se rendre compte par lui-même de l'état des Indigènes, il fit, au début de l'année 1870, plusieurs tournées, d'abord dans le Sud, puis dans le Nord de son territoire. Il trouva partout des populations paisibles, mais dut constater combien étaient encore malheureuses les tribus du Sud ruinées par la sécheresse persistante et les désastres des précédentes années.

De nombreux dépôts d'œufs de sauterelles avaient été signalés dans les tribus avoisinant Aumale. Les travaux de destruction qui furent entrepris n'empêchèrent pas une invasion partielle de criquets, qui causèrent quelques dégâts aux environs de la ville. On signala aussi quelques vols de grosses sauterelles jaunes.

L'expédition conduite dans l'Oued-Guir au mois d'avril

par le général de Wimpfen fut connue dans les tribus de la subdivision, mais elle y passa inaperçue. La récolte était généralement belle : les indigènes repoussèrent toute préoccupation autre que celle de leurs intérêts matériels et le pays était absolument calme lorsque, au mois de juillet, la nouvelle de la déclaration de guerre entre la France et la Prusse parvint à Aumale.

Les indigènes accueillirent d'abord cette nouvelle avec une grande indifférence et tous ceux qui se rendaient mieux compte de la gravité de cet évènement partagèrent la confiance de nos nationaux dans l'issue de la lutte engagée.

Cependant, les nouvelles de nos premiers revers ne pouvaient manquer de produire en Algérie une certaine émotion faite, pour beaucoup d'indigènes, d'étonnement et d'inquiétude et, pour les hommes de trouble, de satisfaction et d'espoir.

Dès le mois d'août, en effet, quelques symptômes révèlent cet état particulier de l'esprit des indigènes : déjà le bruit court que nombre de fellahs timorés ensilotent leurs grains dans des endroits écartés, connus d'eux seuls, pour les mettre à l'abri de coups de main ou de réquisitions.

Les tribus du Nord s'occupent d'un marabout qui aurait paru dans les environs de Tizi-Ouzou et qui tiendrait des propos alarmants pour notre domination.

Les Indigènes de la banlieue d'Aumale, mieux renseignés sur nos défaites que ceux des tribus éloignées, tiennent des propos arrogants à nos colons.

Dans la tribu des Oulad-M'Sellem, on signale plusieurs indigènes ayant proféré des paroles hostiles à la France.

M. le sous-lieutenant El Isseri, employé au bureau arabe, est envoyé avec dix spahis dans cette tribu pour procéder à leur arrestation.

Quatorze de ces mécontents sont conduits à Aumale avec un Kabyle qui avait fait de la propagande séditieuse sur le marché de la même tribu.

Aux Oulad-Si-Moussa, les Indigènes tiennent des conciliabules et répétent des bruits malveillants. — L'esprit des Arabes est inquiet.

Bientôt, la nouvelle de la capitulation de Sedan et de la captivité de l'Empereur produit dans les tribus une véritable stupeur.

Le changement de gouvernement et les désordres partiels auxquels il donne lieu, leur paraissent le commencement d'une ère de troubles et de licence.

Les gens paisibles envisagent l'avenir avec inquiétude, les gens de désordre avec l'espoir de satisfaire leurs mauvaises passions.

Cependant le pays est encore calme et la fermentation des esprits latente.

Une souscription ouverte au mois d'octobre pour les blessés français, produit une somme de 18,641 francs.

Il est vrai que les propositions, faites peu après aux goumiers du cercle, de concourir à la défense de la France en s'enrôlant volontairement, produisent une impression pénible.

Les Indigènes y voient la preuve irrécusable de l'anéantissement de nos armées et, dans toute la subdivision il ne se trouve que *quatre* cavaliers volontaires; encore leur résolution fléchit-elle bientôt et ils montrent fort peu d'empressement quand ils constatent le manque d'enthousiasme de leurs coreligionnaires.

Cependant les Arabes se répètent que les goums des tribus de l'Ouest ont été convoqués et que les Oulad-Sidi-Cheik dissidents ont repris les armes.

Sur ces entrefaites le général de Sonis appelé en France pour exercer un commandement à l'armée de la Loire, quitte la subdivision.

A la même époque le bach-agha de la Medjana, El Hadj Mohammed el Mokrani, s'était rendu à Alger.

Il avait pu constater de ses yeux l'état d'anarchie dans lequel se trouvait alors la capitale algérienne. Il avait pu voir le vieux et vénérable général Walsin Esterhasy

hué et assailli par une foule furieuse, « lie immonde,
» composée d'aventuriers et de gens sans aveu de
» toutes races et de tous pays, qui violentaient l'opinion
» et s'imposaient à la foule, les uns pour s'emparer du
» pouvoir, les autres par amour du désordre (1). »

Les indigènes étaient peu accoutumés à voir l'autorité française ainsi avilie, et les chefs de l'armée, qui jusqu'à ce jour avaient détenu cette autorité, impuissants, bafoués et maltraités par la populace.

Ces spectacles devaient porter leurs fruits.

Tandis que des nefra se produisaient sur le marché des Oulad-Allan, du cercle de Boghar, le bach-agha Mokrani traversait la subdivision d'Aumale avec toute sa suite.

Après avoir couché à Tablat, puis laissé, en passant, sa suite chez l'agha des Arib, Mokrani se rendit aux environs d'Aumale et s'arrêta dans le haouch d'un personnage bien connu des Oulad-Dris.

Il y passa 3 jours, s'exerçant au rôle de sultan, et recevant les hommages des principaux personnages indigènes, caïds et cadis de la subdivision.

On sut plus tard que, dans ces conciliabules, le bach-agha de la Medjana avait à peine déguisé ses projets de révolte prochaine, et que son seul but, en s'arrêtant dans la subdivision, avait été de s'assurer du concours de certains chefs et de s'efforcer de préparer les esprits à l'insurrection.

En effet, à peine rentré dans son commandement, Mokrani se rendit, au mois de décembre, dans l'Ouennougha de l'Est, où son frère Ahmed bou Mezrag était caïd. Il y eut là de nouvelles réunions auxquelles assistèrent plusieurs personnages des Oulad-M'sellem et Beni-Inthacen.

On pensa d'abord que le but de ces intrigues était de

---

(1) Achille Fillias. *L'Algérie ancienne et moderne*, Alger, Malleval, 1875.

provoquer le rattachement à son aghalik des tribus de l'Ouennougha passées, en 1850, dans la division d'Alger ; mais les évènements de 1871 prouvèrent qu'il ne s'agissait d'autre chose que d'organiser l'insurrection.

1871 (1). — Ainsi, au début de l'année 1871 la paix n'avait pas encore été troublée dans la subdivision d'Aumale ; mais les esprits clairvoyants ne pouvaient se méprendre sur les dangers de la situation.

Le 19 janvier une nefra éclata sur le marché des Adaoura. Simulant une panique, les indigènes présents à ce marché s'enfuirent tout à coup, précipitamment, dans toutes les directions.

Au mois de février, ces troubles partiels, avant-coureurs habituels de désordres plus graves, deviennent plus fréquents. On les signale le 11 au marché de Bouïra, le 12 à celui d'Aumale, le 14 aux Oulad-Sidi-Aïssa, le 16 aux Oulad-M'sellem de l'Ouennougha.

On remarque que le vol et le pillage, prétextes habituels de ces sortes d'émeutes, ne sont point la cause des nefra.

Les indigènes ne viennent plus au marché qu'en armes ; le bruit court qu'une réunion séditieuse a eu lieu le 11 chez le cadi d'Aïn-Bessem, Ahmed ben Kouider, beau-père de l'agha des Arib. On sut plus tard que cette réunion était provoquée par le passage d'un émissaire du bach agha de la Medjana, porteur de lettres adressées aux personnalités influentes du pays.

L'agha des Arib, le cheikh d'Aïn-Hazem, son frère, le khalifa de ce dernier, des magistrats musulmans et plusieurs notables du pays y assistèrent.

Pour déjouer toutes ces menées et faire acte de vigueur, le commandant de la subdivision envoie le 17 au marché

---

(1) L'histoire de cette année présente sans doute quelques lacunes, nombre de documents importants, concernant la période de mars à juillet, n'ayant pu être consultés. Nous donnons ici ce que des recherches laborieuses nous ont permis de reconstituer.

des Arib le chef du bureau arabe d'Aumale, escorté de quelques spahis, avec mission de désarmer la foule.

L'opération était commencée, lorsque l'agha intervient, et, d'un ton insolent, déclare au chef du bureau arabe qu'il lui appartient de maintenir l'ordre sur les marchés de son commandement et qu'il ne tolèrera pas que l'on désarme devant lui ses administrés.

Entouré d'une foule manifestement hostile, le chef du bureau arabe est obligé de se retirer, emportant toutefois les armes saisies.

Pour ne pas rester sur cet échec, le colonel Rollet, commandant la subdivision, se porta de sa personne le 24 février au marché des Arib, à la tête d'une troupe suffisante pour faire respecter son autorité.

Il put alors procéder au désarmement des indigènes, et l'agha dut rester impassible spectateur de cette opération.

A la même époque, les tribus du Sud manifestent des symptômes d'agitation, elles font circuler des bruits d'incursion prochaine dans la subdivision des contingents insurgés de Si Hamza. Chacun parle de la défection probable de Mokrani, de la complicité de plusieurs chefs indigènes de la région et de leurs relations avec les Oulad-Mahdi de la division de Constantine.

C'est sur ces entrefaites que M. le lieutenant-colonel Trumelet vint prendre, à la date du 27 février, le commandement de la subdivision d'Aumale.

La garnison de la place se composait alors de 60 zouaves et 40 tirailleurs, sans cadres, pour la plupart hommes de recrue, sans instruction militaire; de 400 mobilisés de la Côte-d'Or, organisés en un bataillon et enfin d'un escadron du 1er régiment de chasseurs d'Afrique composé de jeunes soldats.

Il est vrai que l'autorité militaire d'Alger avait annoncé l'arrivée prochaine de plusieurs escadrons.

Le lendemain du jour où M. le lieutenant-colonel Trumelet avait pris le commandement — pendant la nuit du 28 février au 1er mars — le caravansérail d'El-

Esnam situé sur la route de Bouïra à Beni-Mansour est abandonné par son gardien et par les cavaliers de la remonte qui y étaient en station. Ces cavaliers ramènent leurs étalons à Bouïra.

Le 1er mars, les Beni-Yala tentent d'incendier le caravansérail et le livrent au pillage.

Au moment où ces nouvelles parvenaient à Aumale, le caïd des Oulad-Abdallah annonçait de son côté que, sur l'ordre du bach-agha Mokrani et de Saïd ben bou Daoud, caïd du Hodna, les Juifs et les Européens de M'sila avaient été enlevés de leurs demeures et conduits en captivité par les gens du Hodna.

Il était urgent de prendre des mesures énergiques sous peine de voir l'insurrection se propager dans la subdivision.

Il fallait tout au moins arrêter ses progrès jusqu'à l'arrivée de renforts très instamment demandés et impatiemment attendus.

Le 2 mars, 50 zouaves sont envoyés au caravansérail d'El-Esnam qui est réoccupé. Le chef du bureau arabe procède à l'arrestation de 33 indigènes, compromis dans le pillage du 1er mars, et les ramène le 8 à Aumale.

La garnison du bordj de Beni-Mansour est renforcée par 30 disciplinaires de la 2e compagnie. Les caravansérails de l'Oued-Okris et de Sidi-Aïssa sont occupés chacun par 10 zouaves.

La prompte exécution de ces mesures arrête momentanément tout désordre de ce côté.

Le 5 mars, le lieutenant-colonel Trumelet télégraphie à Alger que, d'après ses renseignements, le bach-agha Mokrani s'est rapproché de la subdivision d'Aumale et est venu camper avec environ 3,000 cavaliers au point de Dra-Meknan.

Les colons des environs d'Aumale manifestent les plus grandes appréhensions et demandent à s'enfermer dans la ville avec leurs familles et tout ce qu'ils peuvent retirer de leurs habitations de la banlieue.

Le commandement s'efforce de les tranquiliser et leur conseille de ne prendre cette détermination qu'à la dernière extrémité, leur rappelant que ce serait livrer au pillage et à la destruction toutes les colonies du voisinage.

Cependant Mokrani, bien que n'ayant pas encore ouvertement levé l'étendard de la révolte, avait chargé son frère Ahmed bou Mezrag de préparer l'insurrection dans l'Ouennougha et les excitations de celui-ci avaient été entendues.

Le 16 mars (1) le caravansérail de l'Oued-Okris est vainement attaqué par les contingents insurgés. Le 18, 100 goumiers d'Aumale commandés par le capitaine Cartairade, chef du bureau arabe, et soutenus par un peloton de chasseurs d'Afrique, avaient été envoyés au secours des défenseurs de l'Oued-Okris et avaient eu, aux environs du bordj, un petit engagement avec les dissidents.

Le 19 eut lieu sur le marché d'Aumale une tentative de nefra qui avorta.

En Kabylie les Mechedalla incendient les gourbis de Tala-Rana.

Le 20 mars, le lieutenant-colonel Trumelet ayant été avisé de la présence de Bou Mezrag aux environs de l'Oued-Okris, forma une colonne légère et se porta au-devant des insurgés.

Nous ne pouvons mieux faire que de reproduire l'ordre ci-après qui donne sur les évènements des 16, 18 et 21 mars, les renseignements les plus précis :

ORDRE DE LA SUBDIVISION

« Félicitations aux troupes de la garnison d'Aumale qui ont pris part aux affaires des 16 et 18 mars 1871 et au combat d'Es-Seroudj, le 21 du même mois.

---

(1) Cette attaque coïncidait avec le premier acte d'hostilité ouverte commis par Mokrani. — En effet, c'est le 16 que le bach-agha attaqua Bordj-bou-Arréridj. A cette même date le quartier général de la division d'Alger fut transféré à Médéa.

» Le lieutenant-colonel commandant la subdivision et la colonne d'Aumale ne veut point, faisant bon marché de notre gloire, laisser tomber dans l'oubli les actions de guerre par lesquelles les troupes de la colonne légère d'Aumale se sont honorées dans les journées des 16, 18 et 21 mars courant.

» C'est donc avec la plus vive satisfaction qu'il rappellera la belle défense du caravansérail de l'Oued-Okris par une poignée de zouaves du 1er régiment, contre 12 ou 1,500 hommes des contingents d'Ahmed bou Mezrag El Mokrani et les combats des 18 et 21 mars qui l'ont suivie.

» Le 16 mars, la garnison du caravansérail de l'Oued-Okris, composée de 20 zouaves du 1er régiment et d'un tirailleur algérien, le nommé Ahmed, fut subitement attaquée par 12 ou 1,500 rebelles des contingents à pied du caïd Ahmed bou Mezrag des Ouennoura Ech Cheraga. Noyée au milieu de ces bandes, cette poignée de braves, commandée par le zouave Allemand, ne songea qu'à se défendre honorablement et à faire payer cher à l'ennemi son imprudente attaque.

» En effet, après deux heures et demie de combat, les rebelles renonçaient à la lutte et se retiraient avec une perte de 9 tués et de 20 à 25 blessés, laissant entre nos mains un drapeau que le zouave Pivert, dont la conduite fut héroïque pendant cette journée, alla enlever sous les balles ennemies, après avoir tué le fanatique qui le portait.

» Une division du 3e escadron du 1er chasseurs d'Afrique (capitaine Ulrich) quittait Aumale, le même jour, à neuf heures du soir, pour aller porter secours à la petite garnison du caravansérail de l'Oued-Okris et la ravitailler.

» Le chef du bureau arabe, capitaine Cartairade, et l'interprète Guin s'étaient joints, avec les spahis et les cavaliers du Marghzen, à la division du 1er de chasseurs qu'ils gardaient et éclairaient.

» Cette troupe arrivait sur l'Oued-Okris, le 17, à trois heures du matin.

» L'ennemi avait abandonné les abords du caravansérail ; il s'était retiré sur les pentes difficiles du Djebel-el-Afroun, à 12 ou 15 kilomètres de l'Oued-Okris. Les fractions rebelles de la tribu des Beni Inthacen l'y avaient suivi et faisaient cause commune avec lui.

» Le 18 mars, la division du 1er de chasseurs était chargée d'appuyer un goum de 75 chevaux dans une reconnaissance dirigée par le capitaine Cartairade sur le territoire des Mehada, fraction des Beni Inthacen qui avait embrassé la cause du caïd rebelle Ahmed bou Mezrag. Mais à peine le goum et les chasseurs avaient-ils apparu au milieu des mecheta (gourbis d'hiver) des Mehada, que 50 cavaliers environ et 800 fantassins des contingents de Bou Mezrag furent signalés marchant sur la reconnaissance. Devant des forces aussi disproportionnées il n'y avait pas à songer à prendre l'offensive ; aussi, le capitaine, chef du bureau des affaires indigènes, ordonna-t-il la retraite sur le caravansérail de l'Oued-Okris.

» Croyant sans doute avoir bon marché de cette poignée de Français, les cavaliers ennemis poussèrent droit au goum qui ne tint pas et qui, par suite, découvrit la division de chasseurs. Les efforts du capitaine Cartairade et de l'interprète Guin pour ramener nos cavaliers indigènes au combat furent absolument infructueux ; les spahis, au contraire, firent bravement leur devoir. Mais les fantassins de Bou Mezrag accouraient à la lutte et la situation menaçait de devenir critique pour la division de chasseurs ; le capitaine Ulrich l'arrêta sur un terrain favorable et elle fit résolument tête à l'ennemi qui se grossissait d'instant en instant. Stupéfaits de tant d'audace, cavaliers et fantassins suspendirent leur attaque.

» La division ayant continué son mouvement de retraite sur le caravansérail, les rebelles reprirent leur feu avec acharnement, bien que se tenant pourtant à distance.

» Les chasseurs durent encore s'arrêter et faire face aux assaillants pour les contenir. Là, nos braves cavaliers firent subir à l'ennemi des pertes sérieuses.

» Enhardis par la fuite du goum que l'interprète Guin chercha encore une fois, mais vainement, à ramener au combat, les rebelles devinrent de plus en plus pressants et parurent vouloir menacer la ligne de retraite de la reconnaissance.

» Il devenait urgent de déjouer ce projet : un peloton de chasseurs mit pied à terre et prit position sur une colline rocheuse qui s'élève à l'est du caravansérail ; l'autre peloton fut chargé de la garde des chevaux. Là, les chasseurs parvinrent, par la précision de leur tir, à arrêter les progrès de l'ennemi. C'est en ce point que le maréchal des logis Jullien, dont la conduite fut digne d'éloges pendant toute cette journée, fut atteint d'une balle qui lui traversa l'épaule.

» Le brigadier Robert, des chasseurs, et le spahis Mohammed ben Saïdi, du 1er régiment, y furent également blessés, mais sans gravité.

» Après avoir arrêté l'ennemi pendant une demi-heure, la division de chasseurs reprenait sa marche sur le caravansérail, où elle rentrait vers 4 heures du soir.

» Une portion des contingents de Bou-Mezrag, qui paraissait vouloir continuer la lutte, échangea du plomb avec la garnison du caravansérail jusqu'à cinq heures et demie du soir ; mais reconnaissant l'inutilité et le danger de leur tentative, les rebelles se retirèrent, avec une perte d'une vingtaine de morts et un assez grand nombre de blessés. La garnison du caravansérail hâtait leur retraite par une sortie qu'elle poussa jusqu'à un kilomètre de ce poste.

» Nos pertes pendant cette journée se bornaient à 3 blessés. Quatre chevaux du goum avaient été atteints.

» La division de chasseurs, intelligemment conduite

par le capitaine Ulrich, que secondèrent parfaitement le lieutenant Flahaut et le sous-lieutenant Nicolas, montra tour à tour, dans cette journée de l'Oued-Okris, une intrépidité, un calme et un sang-froid, qui eussent fait honneur à de vieilles troupes, qualités militaires qui sont d'ailleurs dans les traditions du 1er chasseurs d'Afrique.

» Mais, en présence des forces sans cesse croissantes de l'ennemi, du mauvais esprit dont étaient animées nos tribus de l'Est, voisines du foyer insurrectionnel et du manque de solidité de notre goum, la position de la division du 1er chasseurs pouvait devenir périlleuse et il y avait lieu de parer à cette situation, soit en la rappelant à Aumale, soit en allant à elle avec les quelques troupes composant la garnison de cette place.

» Ce fut à ce dernier parti que s'arrêta le commandant de la subdivision.

» En conséquence, une colonne légère, formée des troupes de la garnison et composée de 300 hommes du 2e bataillon des gardes nationaux mobilisés de l'arrondissement de Beaune (commandant Berrieux), d'un peloton du 3e escadron du 1er de chasseurs d'Afrique (sous-lieutenant Jouve), d'un obusier de montagne de 12 et d'une section d'ambulance (docteur Guénot), partait d'Aumale, le 20 mars, pour se rendre sur l'Oued-Okris, où elle dressait ses tentes à quatre heures et demie du soir.

» A minuit, le commandant de la colonne recevait l'ordre du général commandant supérieur des forces de terre et de mer de rentrer à Aumale sans délai.

» Cet ordre était motivé par la situation politique du pays qui, de jour en jour, devenait plus menaçante, et par la faiblesse numérique des moyens d'action dont disposait le commandant de la colonne comparativement à ceux que pouvait réunir instantanément l'ennemi. Mais une retraite directe sur Aumale devait produire indubitablement le plus mauvais effet sur les populations arabes du pays que la colonne avait à traverser ; elle pouvait être le signal d'un soulèvement, en ce sens que ce mouvement rétrograde n'eût pas manqué d'être interprété par l'ennemi comme un aveu de la faiblesse numérique de la colonne, et, dans ces conditions, il eût été plus qu'imprudent de revenir sur Aumale par la route directe de l'Oued-Okris, laquelle est ravinée et boisée sur une grande partie de son parcours.

» Le commandant de la colonne rechercha donc les moyens de sortir le plus honorablement et le plus avantageusement possible de la situation qui lui était faite.

» Sachant Bou Mezrag campé avec ses contingents à 8 kilomètres de son camp de l'Oued-Okris, le lieutenant-colonel commandant la colonne résolut d'opérer sa retraite par une ligne qui lui permît d'appuyer un coup de main que voulait tenter le caïd des Oulad-M'sellem pour dégager sa famille qui était au pouvoir du chef des rebelles, lequel occupait la nezla de ce caïd. Cette direction permettait en même temps au commandant de la colonne de protéger les fractions qui voulaient nous rester fidèles et d'empêcher la défection de celles de ces fractions qui étaient hésitantes.

» L'opération qui avait pour but la délivrance de la famille du caïd El Haddad ben Gueliel devait être tentée par le goum appuyé par des fantassins des Oulad-Salem et soutenu à distance par le 3ᵉ escadron (capitaine Ulrich) du 1ᵉʳ de chasseurs d'Afrique, lequel, sous aucun prétexte, ne devait être engagé.

» Les capitaines Cartairade et Belot, du bureau arabe, marchaient avec le goum et les fantassins qui quittaient le camp de l'Oued-Okris vers trois heures du matin.

» L'escadron de chasseurs suivait de près ces forces indigènes.

» L'infanterie levait son camp quelques instants après et prenait la même direction que le goum et l'escadron.

» La marche de l'infanterie fut réglée et combinée de

façon que le commandant de la colonne arrivât de sa personne à hauteur du campement de Bou Mezrag, au moment présumé de son attaque par le goum. Le but du commandant de la colonne était de soutenir au besoin l'escadron de chasseurs et de faciliter sa retraite au cas où le goum, lâchant pied, comme à la journée du 18 mars, l'eût obligé à s'engager.

» A l'arrivée du goum sur la nezla du caïd des Oulad-M'sellem, le rebelle Ahmed bou Mezrag, avisé sans doute de la marche de la colonne, avait déjà quitté son campement pour aller occuper son unique ligne de retraite.

» Le goum et les fantassins des Oulad-Salem engagèrent néanmoins l'attaque avec les contingents ennemis ; mais les fantassins de cette tribu ayant lâché pied au début, le goum, attaqué par des forces supérieures, n'avait pas tardé, lui-même, à reculer.

» Pour empêcher le goum de prendre la fuite et peut-être de passer à l'ennemi, il devenait urgent de le soutenir. C'est alors que l'escadron de chasseurs entra en ligne.

» L'action se passait sur un point boisé et raviné du territoire de la tribu des Oulad-M'sellem, nommé Es-Seroudj.

» L'aide que lui prêtait cet escadron rendit la confiance au goum et contribua à rétablir les affaires ; mais, les contingents ennemis se grossissant d'instant en instant, et la position de l'escadron menaçant, malgré la valeur qu'il déployait, de devenir critique, le chef des affaires indigènes crut devoir aviser sans retard le commandant de la colonne qui précisément arrivait à ce moment à hauteur du champ de la lutte.

» Il fit faire immédiatement tête de colonne à gauche à son infanterie et la porta, en toute hâte, sur le lieu de l'action dont il était éloigné de deux kilomètres.

» Il était temps ; car la mollesse de l'attaque du goum avait rendu extrêmement périlleuse la position de l'escadron de chasseurs que l'ennemi cherchait à envelopper.

» A ce moment, M. le capitaine Belot, adjoint au bureau arabe, avait déjà trouvé la mort, en se jetant héroïquement sur la ligne des tirailleurs ennemis (1).

» Le champ du combat était loin d'être favorable à notre attaque : épaissement boisé et affreusement raviné, avec une ligne de retraite dominée sur tout son parcours et profondément encaissée, ligne particulièrement propre aux embuscades, ce terrain pouvait nous devenir fatal, si nous n'avions promptement raison des contingents ennemis, que la voix de la poudre multipliait d'instants en instants et appelait irrésistiblement au combat.

» Les efforts du commandant de la colonne devaient donc tendre tout d'abord, après avoir dégagé l'escadron, à déplacer le théâtre de la lutte et à le transporter sur un point plus favorable à notre action ; il fallait au plus tôt sortir de ce bois fatal et essayer d'entraîner l'ennemi en terrain découvert.

» Le commandant de la colonne engagea immédiatement la 4e compagnie de mobilisés (capitaine Alotte) et la 5e (capitaine André), qui furent jetées en tirailleurs sur le front de l'ennemi, avec mission de le contenir de ce côté ; la 6e compagnie (lieutenant Royer) se déploya

---

(1) D'après un des chefs du goum d'Aumale, témoin oculaire, M. le capitaine Belot aurait été tué dans les circonstances suivantes : Lors de la première attaque du goum, le capitaine Belot chargea en avant des cavaliers indigènes ; mais, le goum ayant donné très mollement et ayant bientôt tourné bride, M. Belot, qui avait dépassé la ligne des tirailleurs ennemis, dut à son tour revenir en arrière pour ramener ses goumiers ; il lui fallut donc traverser, isolé, la ligne des insurgés. C'est alors qu'il reçut plusieurs coups de feu et tomba. On ne s'aperçut pas tout d'abord de son absence. Son cadavre fut rapporté au camp, après la retraite des insurgés.

Plusieurs cavaliers se disputent l'honneur de l'avoir découvert et relevé, entre autres Mansour ben Toumi, encore cavalier au bureau arabe, Sbâ ben Sbâ, ex-caïd des Adaoura, et le caïd des Oulad-M'sellem, El-Haddad ben Gueliel, mort en 1883. Le capitaine Belot n'était dans les affaires indigènes que depuis le 29 octobre 1870.

face à gauche et perpendiculairement aux 4ᵉ et 5ᵉ compagnies ; elle devait observer le Chabet-ed-Deheb, profond ravin boisé par lequel les rebelles menaçaient de tourner notre position. La 7ᵉ compagnie (capitaine Bidault) et la 8ᵉ (capitaine Girard) furent laissées momentanément en réserve.

» L'escadron du 1ᵉʳ de chasseurs et le goum furent ralliés dans une clairière, en arrière des compagnies de réserve. Les fantassins des Oulad-Salem furent placés en seconde face sur une crête boisée qui commandait l'Oued-Ed-Dis, profond ravin très fourré qui se prolongeait sur notre droite et par lequel l'ennemi pouvait se glisser et déboucher sur notre ligne de retraite. La pièce de montagne fut mise sur son affût et tenue prête à être dirigée là où son action serait le plus efficace. Le convoi et l'ambulance furent massés sur un mouvement de terrain isolé, dans une position centrale et à proximité de la ligne de retraite.

» Les mobilisés entamèrent le combat sans hésiter et avec l'aplomb de vieilles troupes, ayant déjà l'habitude du feu : ni les cris, ni la sauvagerie étrange de la manière de combattre de l'ennemi ne les ébranlèrent, ni ne les troublèrent ; des deux côtés la lutte se fit immédiatement ardente, acharnée, implacable ; les crépitations de la mousqueterie, le sifflement des obus, les injures de l'ennemi à ses adversaires, les cris de nos fantassins des Oulad-Salem, tous ces bruits sinistres de la guerre semblaient, au contraire, exalter les mobilisés, qui, lorsque leurs fusils étaient vides, se ruaient sur les rebelles à la baïonnette.

» Un contrefort boisé, noué au Djebel-el-Ateuch et qui, s'allongeant de l'Est à l'Ouest, bornait au Sud le champ du combat, fut pris, quitté et repris par 3 fois différentes ; la dernière fois, ce fut en passant sur les cadavres ennemis, que les rebelles n'avaient eu le temps d'enlever, que les mobilisés s'emparèrent de la redoutable crête.

» Repoussés sur la première face, les rebelles se répandirent dans les ravins qui limitaient latéralement le champ du combat et surgirent nombreux et acharnés sur nos flancs, au delà des positions tenues par la 6ᵉ compagnie des mobilisés et par les fantassins des Oulad-Salem.

» Une division du 1ᵉʳ chasseurs d'Afrique dut mettre pied à terre pour faire face à l'ennemi qui se montrait sur notre gauche par le Chabet-ed-Deheb. Vigoureusement et intelligemment conduite par le lieutenant Flahaut, cette division prouva une fois de plus, en culbutant les rebelles dans le ravin d'Ed-Deheb, que nos chasseurs d'Afrique savent, dans l'occasion, unir à la valeur et à l'intrépidité du cavalier l'élan et la solidité du fantassin.

» Les rebelles tentèrent le même mouvement par l'Oued-ed-Diss, ravin qui se prolongeait sur notre flanc droit et qui était gardé par les contingents des Oulad-Salem. Mal contenu par ces fantassins, l'ennemi faisait, de ce côté, des progrès sérieux, et il devenait urgent de parer à cette situation. La 7ᵉ compagnie de mobilisés (capitaine Bidault) fut envoyée au soutien des fantassins indigènes qui reprirent courage et qui, avec l'aide de nos soldats, parvinrent à repousser cette attaque des rebelles ; mais, chassé de ce côté, l'ennemi tenta, en se glissant dans le ravin profond et embroussaillé d'Ed-Diss, de s'établir sur notre ligne de retraite. La 8ᵉ compagnie (capitaine Girard) s'y porta rapidement et fit échouer par sa résolution et sa vigueur cette tentative des rebelles.

» Le combat était alors engagé sur trois des faces du carré.

» Le goum se sentant soutenu fut bientôt pris de l'ivresse de la poudre ; vigoureusement entraînés et intelligemment dirigés par le capitaine Cartairade, bien secondé par l'interprète Guin, nos cavaliers indigènes se ruèrent, haut le fusil, malgré les difficultés du terrain, sur la ligne des tirailleurs ennemis qu'ils fusillèrent et sabrèrent sans pitié. Là les caïds, spahis et cavaliers du Maghzen déployèrent une brillante intrépidité.

» Le tir de l'obusier de montagne (1) fut habilement dirigé par l'artificier Coquet et le canonnier Ollagnier, de la 1ʳᵉ batterie *bis* du 3ᵉ d'artillerie, qui montrèrent pendant tout le combat un admirable sang-froid et beaucoup d'audace ; blessés tous deux, l'un à la main, l'autre à la hanche, ils n'en continuèrent pas moins leur feu avec une précision qui causa des ravages sérieux parmi les bandes ennemies.

» Le sergent Alaux, de la 2ᵉ compagnie de fusiliers de discipline, détaché, sur sa demande, pour commander l'escouade du 1ᵉʳ de zouaves formant le soutien de l'artillerie, se fit remarquer par son intrépidité et sa vigueur et maintint à distance les tirailleurs ennemis qui, à plusieurs reprises, tentèrent de s'emparer de la pièce.

» La lutte continua impétueuse, opiniâtre, et prit bientôt des proportions qui menaçaient de dépasser le but que se proposait le commandant de la colonne.

» Emportés par leur ardeur, les mobilisés, audacieux jusqu'à la témérité, engagèrent, sur plusieurs points, le combat corps à corps ; la baïonnette fit son œuvre sourdement, sans bruit. Quelques adroits tireurs, profitant habilement des accidents du terrain, firent éprouver à l'ennemi des pertes dont il se souviendra ; c'est ainsi que le garde Colas (Alexis), de la 5ᵉ compagnie, remarquable tireur et doué d'un admirable sang-froid, abattit dix rebelles en quelques instants.

» Après deux heures d'un combat dans lequel toute la colonne fut successivement engagée, et le but que se proposait le lieutenant-colonel commandant étant

---

(1) D'après les racontars des indigènes du pays, cet obusier aurait été pendant quelques instants au pouvoir des insurgés, puis repris par nos troupes. Il paraît certain qu'il fut sérieusement menacé par l'approche subite et imprévue de l'ennemi.

atteint, et au delà, d'un autre côté, le châtiment infligé à l'ennemi lui paraissant suffisant, il fit sonner la retraite; mais les mobilisés, dont l'ardeur était portée à un degré extrême, ne pouvaient pas se décider à lâcher prise, et ce n'est qu'après une demi-heure de ce rappel que le lieutenant-colonel parvint à les arracher à la lutte et à les masser en dehors de la forêt d'Es-Seroudj.

» C'est à cette généreuse tenacité surtout que les mobilisés de la Côte-d'Or durent en partie les regrettables pertes qu'ils firent dans ce combat.

» On estime à 1,500 ou 2,000 le nombre des rebelles que les 400 hommes composant la colonne eurent devant eux pendant la dernière heure de l'action.

» Tous, dans cette journée d'Es-Seroudj, se conduisirent bravement, et le seul reproche qu'ait à leur adresser le commandant de la colonne, c'est d'avoir montré trop de témérité et de mépris du danger. Il veut cependant citer ceux qui eurent l'occasion de se distinguer d'une manière toute particulière.

» Dans la 4ᵉ compagnie (capitaine Alotte), qui fut brillamment engagée dès son arrivée sur le terrain de l'action, les gardes : Pierre, grièvement blessé à la tête; Mercier (Jean-Baptiste), Mairet (Célestin), tous deux blessés; Hébert (Édouard), qui délivra deux de ses camarades tombés entre les mains des rebelles; Brunet, Virot et le sergent-fourrier Rouard se firent remarquer par leur bravoure et leur sang-froid.

» Le lieutenant Misserey a bravement enlevé sa section et montré du sang-froid en même temps que de la résolution.

» Cette compagnie qui fut cruellement éprouvée perdit huit hommes tués à l'ennemi.

» Vigoureusement entraînée et habilement dirigée par son capitaine (M. André), la 5ᵉ compagnie se conduisit très honorablement et avec un aplomb qu'on rencontre rarement au même degré chez de jeunes troupes.

» Toujours sur la ligne des tirailleurs, le capitaine

André, qui est un officier d'élan et d'énergie, devint bientôt le but des coups de l'ennemi ; il fut atteint de trois balles qui, fort heureusement, ne le touchèrent point dangereusement. Dans cette compagnie qui a eu un homme tué, les gardes Colas (Alexis), Deroge (Philippe), Pacotte (Auguste), Félix (Pierre) et Battault (Pierre), ces deux derniers blessés, se sont vaillamment conduits.

» La 6ᵉ compagnie (lieutenant Roger), qui a eu quatre hommes tués, s'est fait remarquer par son élan et sa tenacité. Les gardes Grillot (Pierre) et Marillier (Pierre) ont montré une remarquable bravoure.

» Dans la 7ᵉ compagnie (capitaine Bidault), qui a eu trois hommes tués, les gardes Rousseau (Sébastien), qui a été blessé, et Joquin (François), qui tua un rebelle qui cherchait à le frapper avec son sabre, ont montré tous deux beaucoup de valeur et un remarquable aplomb.

» La 8ᵉ compagnie, parfaitement dirigée par son capitaine, M. Girard, a fait preuve de beaucoup de solidité et d'une grande énergie. Les gardes Vaudrot (Pierre) et Poulet (Eugène), blessés, se sont montrés pendant le combat de vigoureux soldats.

» Le sous-lieutenant Rousseau, de la même compagnie, a bien mené sa section et a su lui communiquer son élan et sa vigueur.

» M. le lieutenant Prenot, du 11ᵉ de Ligne, détaché au 2ᵉ bataillon de mobilisés comme instructeur et y remplissant les fonctions d'adjudant-major, a fait preuve, pendant tout le combat, d'un remarquable sang-froid, d'un mépris marqué du danger et de sérieuses qualités militaires.

» M. Prenot a parfaitement secondé le commandant Berrieux dans la direction des tirailleurs, selon les phases et les incidents de la lutte.

» Le commandant Berrieux, soldat de Crimée et d'Italie, mérite tous les éloges, d'abord pour avoir fait de ses gardes nationaux de bons et vaillants soldats et ensuite pour la manière intelligente dont il les a dirigés pendant le combat.

» Le commandant Berrieux est un bon officier de guerre, et il a fait preuve de ce qu'on peut obtenir de jeunes troupes françaises lorsqu'elles sont bien commandées et quand leur chef a su faire passer dans leurs âmes le sentiment du devoir, de l'honneur et l'amour de la patrie.

» Dans le 3e escadron du 1er de chasseurs d'Afrique, le commandant de la colonne citera le capitaine-commandant Ulrich, bon et brave soldat, voyant clair dans le danger et communiquant, par son sang-froid dans l'action, de la confiance et de l'aplomb à sa troupe.

» Il citera également le lieutenant Flahaut et le sous-lieutenant Nicolas, ainsi que le maréchal des logis chef Tasbille et les maréchaux des logis Jullien et Bonjour qui, dans les journées de l'Oued-Okris et d'Es-Seroudj, ont montré une intelligente valeur et une remarquable intrépidité. Le trompette Guillon et les chasseurs Kautzmann et Laur, ces deux derniers blessés, se sont conduits très honorablement et en soldats d'élite.

» Le capitaine Noël, du même régiment, remplissant les fonctions d'officier d'ordonnance auprès du commandant de la colonne, a transmis les ordres sur tous les points de l'engagement avec beaucoup d'intelligence, de sang-froid et de précision.

» M. le docteur Guenot, médecin-major de 2e classe au 2e bataillon de mobilisés, a parfaitement dirigé la section d'ambulance active; il a donné ses soins aux blessés sur le champ du combat, avec ce dévouement calme et éclairé qui est l'une des vertus de nos médecins militaires.

» Parmi les spahis du bureau arabe et les cavaliers du goum, le commandant de la colonne citera :

» Ech Chaoui ben Atsmann, Djaballah ben Ahmed et Bel Hadj ben Mohamed, spahis au 1er régiment, qui se sont fait remarquer par leur intrépidité et leur bravoure.

» Le Mokrazni Mansour ben Toumi, vieux et brave serviteur, et les cavaliers du goum, M'bareck ben Deboub et El-Haoussin ben Lekhal, qui ont sauvé des mains de l'ennemi deux mobilisés blessés en les emportant sur leurs chevaux hors du champ du combat.

» Le lieutenant-colonel commandant la colonne citera encore l'adjoint civil, Mohammed ben Abdallah, qui avait voulu le suivre sur le terrain de la lutte et qui, avant et pendant le combat, lui a rendu de sérieux services.

» Le combat d'Es-Seroudj qui a duré près de 3 heures et qui a été l'un des plus meurtriers de ceux qui se sont livrés dans ce pays-ci, a coûté à l'ennemi 200 tués environ et un nombre de blessés qu'il est impossible de préciser, mais que les Arabes mêmes avouent avoir été considérable ; ils ont perdu aussi quelques chevaux tués ou blessés.

» Nos pertes témoignent de l'acharnement de la lutte. Nous avons eu un capitaine et 16 hommes tués et un capitaine et 16 hommes blessés.

» Nos pertes en chevaux du 1er de chasseurs et du goum sont de 3 tués et de 5 blessés.

» En résumé, le combat d'Es-Seroudj et les affaires qui l'ont précédé font honneur aux troupes de la garnison d'Aumale qui y ont pris part, et le lieutenant-colonel commandant la subdivision est heureux de leur en témoigner toute sa satisfaction.

» Aumale, le 22 mars 1871.

» *Le lieutenant-colonel commandant la subdivision et la colonne mobile,*

» Signé : TRUMELET. »

La pointe audacieuse prononcée dans l'Ouennougha par le colonel Trumelet et le combat victorieux auquel elle donna lieu, prouvèrent à Bou Mezrag que la petite garnison d'Aumale pouvait parfaitement, contrairement au bruit qu'il faisait courir, quitter les murs de la ville et le battre en rase campagne. Elle eut pour résultat d'arrêter de ce côté les progrès de l'insurrection.

Cependant la garnison du bordj de l'Oued-Okris avait été renforcée, le 17, d'une douzaine de tirailleurs algériens.

Le 23 mars, le zouave Pivert, qui avait fait preuve de tant de bravoure le 16, fut tué accidentellement par un tirailleur qui nettoyait son fusil. Ce déplorable accident eut une funeste influence sur le moral des défenseurs.

Dans la soirée du même jour, le bordj fut attaqué par les contingents insurgés. Pour les tenir à distance, les zouaves et tirailleurs se livrèrent à une fusillade désordonnée et épuisèrent presque toutes les munitions.

Le chef de la petite troupe, le zouave Allemand, entre les mains duquel était tombée une lettre de Bou Mezrag adressée aux tirailleurs indigènes de la petite garnison (1), se décida, sans ordres et de sa propre initiative,

---

(1) Voici cette lettre :
« Louange au Dieu unique.
» Faisons savoir à Mohammed ben Chenan, Saad ben Hamida,
» Ben Bel Khreir et à tous ceux de vos frères les musulmans qui
» sont avec vous,
» Que le salut le plus complet soit sur vous, avec la miséricorde
» divine à perpétuité. Nous avons pris des renseignements sur vous
» et sur votre état. Ensuite votre origine et votre descendance nous
» sont connus :
» L'Islam est votre religion, les promesses antérieures ne vous
» sont point cachées. — Actuellement Dieu a eu la bonté de faire
» atteindre à ses serviteurs l'extrême limite. On doit donc revenir
» vers Dieu avec empressement et avec un zèle poussé au plus haut
» point.
» Vous savez combien est grande la faiblesse du gouvernement
» français. Vous savez aussi ce que lui a causé l'armée nombreuse
» de celui que Dieu a fait son maître (?).

à abandonner le caravansérail. Le gardien du bordj, le sieur Rey, qui habitait l'Oued-Okris depuis 1864 avec sa femme et son fils, prenait la route d'Aumale, guidé par un tirailleur nommé Ahmed, qu'il avait jadis recueilli enfant et élevé.

Après avoir couru mille dangers en traversant, la nuit, un pays difficile et plein d'insurgés, il fut néanmoins assez heureux pour arriver à Aumale sans encombre avec les siens (1).

D'un autre côté, le détachement aux ordres d'Allemand avait quitté le bordj, le 24 mars, à minuit, après avoir détruit tous les approvisionnements qu'il contenait. La petite troupe traversa les montagnes boisées des Oulad-Salem et du Ksenna et arriva, le 25, à Aumale, sans avoir rencontré l'ennemi.

Le zouave Allemand fut d'ailleurs fort mal reçu par le colonel Trumelet qui prévoyait les fâcheuses conséquences de l'abandon du caravansérail.

Cependant la situation était fort critique ; de nombreux

» Vous n'ignorez pas le manque de soldats et de troupes militai-
» res (sic) ; il ne reste plus que le civil (sic).

» Si vous êtes pour nous, si vous êtes nos enfants, et si vous vou-
» lez compter dans nos rangs, étendez vos mains, au nom de la
» guerre sainte, sur ceux qui vous entourent dans ce bordj (*).

» Si vous désirez conserver la religion de l'Islam, commencez par
» les tuer, ainsi que cela est obligatoire. Faites la guerre sainte,
» cela vous sera compté ! Purifiez ainsi vos corps. Si vous parve-
» nez à posséder ce mérite si glorieux auprès de Dieu et si honoré
» parmi le peuple du prophète (sur qui soient les bénédictions divi-
» nes et le salut), vous aurez droit à toute notre satisfaction et à des
» honneurs. Tout ce que vous demanderez vous sera accordé, soit
» que vous vouliez vous retirer n'importe en quel lieu, soit que vous
» désiriez demeurer avec nous ; dans ce cas vous aurez la jouissance
» et la distinction. Salut. Par ordre de Sidi Bou Mezrag, caïd de
» l'Ouennougha. Que Dieu soit avec lui. Amen. »

(1) Rey avait remplacé comme gardien une dame Vandemberge. Agé de plus de 80 ans, il habite actuellement (1887) une petite maison près d'Aumale. Il a créé là une vigne qui produit de très bon vin.

(*) C'est-à-dire : massacrez-les.

vagabonds infestaient la banlieue d'Aumale et jetaient l'effroi parmi les populations.

Le 24 mars, les Adaoura, pour la plupart de la fraction des Oulad-Aïssa, unis à plusieurs indigènes des Djouab et des Oulad-Soltan, pillèrent radicalement les silos de la fraction des Miaïça de l'Oued-Ridan.

D'un autre côté, l'attitude de l'agha des Arib devenait de plus en plus hostile.

Le 24, à la suite d'une nefra provoquée par l'arrivée de deux émissaires de Mokrani sur le marché des Cheurfa du Sud, le colonel Trumelet fait arrêter cet agha et le cheik d'Aïn-Hazem. Quelques jours après, il fait aussi mettre en état d'arrestation le cadi Ahmed ben Kouider.

Le 26 mars, les contingents insurgés de Bou-Mezrag, Oulad-Salem, Oulad-M'sellem et Beni-Inthacen incendient le caravansérail abandonné de l'Oued-Okris et le télégraphe de Beïra.

Toute la subdivision est inondée de lettres du bach-agha Mokrani ou de Bou Mezrag, appelant les fidèles aux armes. Le cheik El Haddad, de l'ordre de Sidi Abderrahman bou Koberin, a soulevé la Kabylie ; tous les Khouans des Rahmania s'agitent : les tribus du Sud Oulad Sidi Hadjeres, Sellamat, Oulad Abdallah, Adaoura, sont travaillées par des émissaires, la situation s'aggrave tous les jours, les renforts attendus à Aumale n'arrivent pas.

Le 26, un personnage influent des Adaoura se présente à Aumale et fait de grandes protestations de fidélité au sujet desquelles le colonel Trumelet télégraphie au général de division à Médéa : « Comme presque
» tous nos chefs indigènes, celui-ci est à double face.
» On ne pourra compter sur lui que lorsque l'état de
» nos forces nous permettra d'agir vigoureusement
» contre les rebelles, si, à ce moment, il n'a pas déjà
» fait défection. »

Le 28, quelques troupes de renfort, 280 zouaves et

tirailleurs, arrivent à Aumale. Ils sont installés à l'Est de la place, entre les routes de Sétif et de Bou-Saâda.

Le 31 mars, les Beni Inthacen, Oulad M'sellem, Oulad Salem, Ahl el Ksar, Sebkra, Beni-Yala sont en pleine insurrection ; les autres tribus hésitent encore ; mais, à Aumale, on exprime les craintes les plus vives pour les colonies de la banlieue. Des bruits arabes prêtent à Bou-Mezrag l'intention de se porter à Dehet-el-Merra, à 15 kilomètres à l'est d'Aumale.

Ce chef insurgé se trouvait, dans les premiers jours d'avril, à Teniet-Oulad-Daoud, à 20 kilomètres d'Aumale, du côté de l'est. Il avait été rejoint en ce point par les Oulad Sidi-Hadjerès et la moitié des Oulad-Abdallah. Il avait, dit-on, formé le projet de venir s'installer sur le plateau d'Aïn-Si-Belgassem.

A la même époque, des collisions ont lieu entre les Adaoura, les Oulad Allan et plusieurs autres tribus voisines de la subdivision de Médéa.

Le lieutenant-colonel commandant réunit un goum de 200 chevaux et plusieurs centaines de fantassins des Beni-Djaad, et en forme un camp à proximité de la place sur les routes menacées.

Le 6 avril, le caravansérail d'El-Esnam est attaqué par les contingents de Bou Mezrag. L'attaque est vigoureusement repoussée par la petite garnison de zouaves, aux ordres du lieutenant Cavaroz ; les insurgés se bornent à brûler une meule de paille près du caravansérail.

Le 7, un goum de 150 chevaux, commandé par M. Mohammed ben Ahmed El Isseri, sous-lieutenant de spahis, caïd des Ahl el Euch, se porte vers El-Esnam ; il arrive, le 8, à deux heures du matin, au bordj de Bouïra gardé par 10 zouaves et 19 colons.

Après avoir ravitaillé Bouïra en munitions, M. El Isseri poursuit sa route vers El-Esnam ; il surprend près du caravansérail un poste d'insurgés auquel il tue 6 hommes et en blesse 7, ce qui enthousiasme le goum.

L'approvisionnement de cartouches d'El-Esnam est

reconstitué et la garnison profite de la présence du goum pour renouveler sa provision d'eau, la source d'El-Esnam étant à quelque distance du caravansérail.

Les étalons de la remonte, qui avaient été réinstallés dans le bordj, sont évacués sur Aumale.

Les communications avec Beni-Mansour étaient interrompues depuis le 7, et Bou Mezrag passait pour avoir son camp dans ces parages.

Laissons parler M. le colonel Trumelet (1) :

11 avril 1871. — « Abandonné par son gardien, pendant
» la nuit du 28 février, le caravansérail d'El-Esnam était
» pillé et incendié par les Beni Yala. Je le faisais immé-
» diatement réoccuper par une section du 1er zouaves.
» En effet, l'occupation de ce poste assurait mes
» communications avec l'annexe de Beni-Mansour et
» protégeait la colonisation en arrière de lui; de plus,
» je ne voulais pas laisser les rebelles sur ce qu'ils
» appelaient *un succès*, et surtout je ne voulais pas
» reculer devant eux.
» Le caravansérail d'El-Esnam présente un grave
» inconvénient en temps de guerre : les eaux sont à plus
» de 100 mètres à l'extérieur et il n'a pas de citerne.
» Aussi les Beni Yala, qui n'ignoraient pas ce détail,
» ont-ils creusé, à quelque distance de la source, des
» retranchements derrière lesquels ils s'embusquent et
» d'où ils fusillent tout ce qui tente d'approcher des
» eaux.
» J'ai paré à cet inconvénient par des jarres et des

---

(1) Le lecteur a déjà remarqué que c'est grâce aux lettres et rapports de M. le colonel Trumelet, retrouvés dans les archives de l'ancienne subdivision d'Aumale, aujourd'hui supprimée, que la partie de ces notes, relative à l'insurrection, a pu être écrite. La reconnaissance me fait un devoir d'ajouter que M. le colonel Trumelet a bien voulu me communiquer, en outre, de précieux documents qu'il a établis ou recueillis, et dans lesquels, avec son assentiment, j'ai très largement puisé.

» peaux de bouc qu'on a pu remplir jusqu'à ce jour sous
» la protection de l'escorte des convois.

» J'apprenais, le 6 de ce mois, que Bou Mezrag el
» Mokrani avait levé son camp des Ouled-Salem pour se
» porter dans la vallée de l'Oued-Zaïan, chez les Beni
» Yala, détestable tribu qui a fait cause commune avec
» les incendiaires du caravansérail d'El-Esnam, puis de
» là se porter sur Bordj-Bouïra à qui il réservait le
» même sort. Il appelait de ce point les Oulad-Bellil,
» les Oulad-El-Aziz, les Arib à la guerre sainte et au
» pillage des villages et fermes de la banlieue d'Aumale.

» Je me hâtai de prendre des mesures pour rehausser
» l'approvisionnement de munitions de ces deux postes.
» Un goum de 150 chevaux, commandé par le sous-lieu-
» tenant El Isseri, caïd des Ahl-El-Euch, partit d'Aumale,
» le 6 avril, à 9 heures du soir, pour remplir cette mission.
» Ce goum surprenait à 5 heures du matin un poste
» ennemi qui surveillait El-Esnam, lui tuait 5 hommes
» et lui en blessait 7. La garnison profitait de la présence
» du goum pour refaire sa provision d'eau. Leur mission
» terminée, nos cavaliers indigènes reprenaient la route
» de Bordj-Bouïra, d'où ils revenaient sur Aumale.

» Voulant porter l'approvisionnement d'El-Esnam à
» 15 jours de vivres de toute nature, j'organisai un
» convoi à qui je donnai pour escorte 50 cavaliers du
» goum et qui partait, le 7, à 9 heures du soir. Mais ce
» goum, ayant appris à Bordj-Bouïra que le caravan-
» sérail avait été attaqué dans la journée, refusa d'aller
» plus loin, déposa le convoi à Bordj-Bouïra et rentra à
» Aumale.

» Or, il était urgent qu'El-Esnam fût ravitaillé et qu'il
» pût faire sa provision d'eau pour un certain nombre
» de jours.

» J'organisai un goum de 400 chevaux, pour exécuter
» cette opération ; mais, sachant que les cavaliers du
» goum n'ont de valeur qu'autant qu'ils sont appuyés
» par une force française, j'ordonnai au commandant

» Braun, du 1ᵉʳ chasseurs d'Afrique, de désigner deux
» escadrons pour soutenir le goum dans son opération
» de ravitaillement d'El-Esnam.

» Le choix du commandant se porta sur le 3ᵉ escadron,
» capitaine Ulrich, du 1ᵉʳ chasseurs d'Afrique, et sur le
» 9ᵐᵉ escadron de chasseurs de France. Une section
» d'ambulance (docteur Sorel) marchait avec les esca-
» drons. Le goum était aux ordres du chef des affaires
» indigènes, le capitaine Cartairade.

» Ces forces quittaient leur camp de Dra-el-Achebour,
» le 9 avril, à 2 heures de l'après-midi ; elles arrivaient
» à Bordj-Bouïra à 9 heures du soir, sans avoir été
» inquiétées.

» Après avoir pris le convoi de vivres laissé le 8 à
» Bordj-Bouïra, les escadrons et le goum levèrent leur
» camp le 10, vers 7 heures du matin, pour se diriger
» sur El-Esnam. A 9 heures, la colonne de cavalerie dé-
» bouchait dans la plaine d'El-Beththa (tribu des Beni-
» Yala.)

» Des fantassins des contingents, dont le nombre peut
» être évalué à 6 ou 700, étaient groupés sur le plateau
» de Ras-El-Guemgoum, rive droite de l'Oued-Zaïan et
» semblaient observer la marche de notre colonne qui
» se dirigeait droit sur El-Esnam. Quand la colonne ne
» fut plus qu'à une petite distance du caravansérail, les
» fantassins ennemis descendirent résolument les pen-
» tes qui commandaient l'Oued-Zaïan, franchirent cette
» rivière et vinrent tirailler sur sa droite.

» Le terrain sur lequel la colonne fut attaquée étant
» particulièrement favorable à l'action de la cavalerie, le
» goum fut lancé sur le gros des rebelles ; les chasseurs
» entraient en même temps en ligne, tenaient en res-
» pect un groupe nombreux de fantassins ennemis qui
» menaçaient la route d'El-Esnam et permettait ainsi au
» convoi de vivres de gagner le caravansérail sans en-
» combre.

» Les rebelles revinrent bientôt à la charge avec une

» résolution que montrent rarement les fantassins indi-
» gènes en terrain découvert ; ils tentèrent de déborder
» notre cavalerie sur ses flancs ; mais le feu nourri de
» nos chassepots ayant sensiblement diminué leur fou-
» gue, ils durent renoncer à cette combinaison. L'hési-
» tation se mit parmi eux et ils commencèrent à tour-
» noyer sans but et sans direction dans la plaine ondu-
» lée qui se développe entre le caravansérail et l'Oued-
» Zaïan. L'occasion si rare dans ce pays de pouvoir four-
» nir une charge de cavalerie se présentait dans les
» meilleures conditions ; le commandant Braun ne la
» laissa pas échapper ; il lança l'escadron du 9e de chas-
» seurs et deux pelotons du 1er de chasseurs d'Afrique
» sur l'ennemi qui lâcha pied de toutes parts et qui prit
» la fuite dans la direction de l'Oued-Zaïan. Le goum de
» son côté avait coopéré au mouvement des chasseurs
» avec un remarquable entrain ; puis, chasseurs et goum
» franchirent la rivière et rejetèrent les rebelles sur leurs
» premières positions d'où ils se dispersèrent dans
» toutes les directions.

» Le chemin par lequel l'ennemi avait pris la fuite était
» semé de cadavres, lesquels formaient barrage dans
» l'Oued-Zaïan, dont le fond vaseux n'était plus qu'une
» boue sanguinolente.

» On évalue à 90 tués les pertes de l'ennemi, le nom-
» bre de ses blessés serait considérable.

» Pendant que se livrait le combat de l'Oued-Zaïan,
» une partie du goum obtenait un avantage marqué sur
» l'Oued-Ed-Dehous. Envoyé pour tenter une razzia sur
» les troupeaux de l'ennemi, le goum se trouvait bien-
» tôt aux prises avec un fort parti de rebelles qui fut
» culbuté et mis en fuite en laissant 50 ou 60 des siens
» sur le terrain.

» Nos pertes sont relativement importantes : le maré-
» chal des logis Castaing, du 9e de chasseurs, a été tué
» en chargeant vaillamment l'ennemi ; les chasseurs
» Berthier, du 1er de chasseurs, et Vernet, du 9e, ont été

» blessés grièvement; le sous-lieutenant Nicolas, du
» 1er de chasseurs, qui déjà aux combats de l'Oued-
» Okris et d'Es-Seroudj s'était montré remarquablement
» brave, a été frappé d'une balle dans la poitrine et a eu
» son cheval tué sous lui. La blessure de cet officier est
» heureusement sans gravité. Les chasseurs Tisserand,
» Jolvet, Maurin, Rapin et Bourreau, du 9e régiment, ont
» été blessés, mais légèrement.

» Nous avons eu, en outre, quatre chevaux tués et
» deux blessés. Les spahis du bureau arabe ont un
» spahis légèrement blessé. Le goum a eu deux cava-
» liers blessés, deux chevaux tués et un blessé.

» Le goum a pris 55 fusils.

» Comme toujours, Bou Mezrag el Mokrani est resté
» prudemment dans le bois pendant l'action; aussi les
» Arabes ne le désignent-ils plus que sous la dénomi-
» nation ironique de sultan des broussailles.

» Après être restée une heure à El-Esnam, la colonne
» revenait prendre son bivouac de Bordj-Bouïra. Les
» deux escadrons rentreront à Aumale aujourd'hui dans
» la soirée.

» Je pense que cette seconde leçon donnera à réflé-
» chir aux égarés qui ont embrassé la cause des Oulad
» Mokran. Quelques tribus ont déjà tâté le terrain pour
» savoir comment serait accueillie une demande de
» soumission. »

Enfin, le 16 avril, la colonne, tant de fois annoncée et si impatiemment attendue, du général Cérez arriva à Aumale.

Malgré la gravité des circonstances, il avait donc été possible de préserver de toute insulte les environs d'Aumale.

La colonne Cérez se composait de 1,200 fantassins, zouaves du 4e régiment et chasseurs à pied du 23e bataillon, sous les ordres du colonel Méric, de 600 cavaliers tant du 9e chasseurs de France que des éclaireurs algériens, commandés par le colonel Goursaud, et de 4 pièces de montagne.

Les lettres suivantes donnent le détail des opérations de cette colonne à laquelle se joignit le lieutenant-colonel Trumelet.

Le chef d'escadron Larivière commandait la place d'Aumale.

Le général Cérez au général commandant supérieur des forces de terre et de mer.

« Teniet-Oulad-Daoud.

» Ainsi que je vous l'annonçais par ma dépêche d'hier,
» j'ai quitté ce matin, 18 avril, Aumale avec la colonne
» sous mes ordres, pour me diriger sur le point où mes
» renseignements m'indiquaient qu'étaient réunis les
» contingents de Bou Mezrag, que celui-ci, parti pour
» rejoindre son frère, avait momentanément laissés
» sous les ordres de Bou Ghennan, son khalifa et cou-
» sin. Mon intention était de camper au Teniet-Oulad-
» Daoud dans le Djebel-Mogrenin. Arrivé au pied de la
» montagne j'ai vu le col occupé par de nombreux con-
» tingents qui sont estimés à 2,000 fantassins environ et
» un petit nombre de cavaliers au milieu desquels flot-
» tait le drapeau de Bou Ghennan. Leurs positions
» étaient bien choisies pour la défense. Après avoir
» massé le convoi et les bagages au pied de la montagne
» et les avoir laissés sous la garde de deux bataillons,
» j'ai pris mes dispositions pour l'attaque. Les zouaves
» du 4ᵉ régiment, puis ensuite ceux du 4ᵉ de marche
» vigoureusement secondés par les chasseurs d'Afrique
» du 1ᵉʳ régiment, ont abordé les contingents avec un
» entrain remarquable, les positions ont été rapidement
» enlevées malgré une résistance très vive, à un mo-
» ment surtout, et dans un point où l'avantage de la

» position était à l'ennemi. L'attaque a commencé à
» midi et demi, à deux heures les contingents de Bou
» Ghennan étaient en pleine fuite; mais alors ils se
» heurtèrent contre les éclaireurs algériens auxquels
» j'avais fait faire un mouvement tournant conduit par
» le colonel Goursaud avec une intelligente vigueur à
» laquelle répondait bien l'ardeur de ses officiers et de
» ses troupes.

» Le goum a suivi aussi le mouvement sous les ordres
» du capitaine Cartairade. La fuite est devenue une dé-
» route complète. A 5 heures je ramenais les troupes au
» col, où je couche. Les renseignements les plus modé-
» rés me permettent de dire que le chiffre des morts est
» de 350 au moins.

» Les éclaireurs et le goum ont ramené des chevaux
» et rapporté au moins 400 fusils, sabres, etc., enlevés
» aux morts ou blessés. Le drapeau de Bou Ghennan a
» été enlevé par un éclaireur qui a tué le porte-drapeau.
» De notre côté nous avons eu 5 zouaves blessés
» légèrement, 2 éclaireurs algériens tués, 7 blessés dont
» 4 grièvement, 1 cheval tué, 3 blessés. Dans le goum
» 1 homme tué, 7 blessés, 1 cheval tué, 3 blessés.

» Avec Bou Ghennan se trouvaient particulièrement
» les contingents des Beni-Sliman, Beni-Inthacen, Oulad-
» M'sellem, Oulad-Salem, Oulad-Si-Amor, Oulad-Sidi-
» Hadjeres, Oulad-Abdallah, Ahl-el-Ksar et des gens de
» l'Ouennougha-Cheraga. Je vous adresse ultérieure-
» ment un rapport détaillé; demain je me porte à Souk-
» el-Khemis, près du Djebel-Afroun, pour poursuivre ce
» qui reste de ces contingents et les tribus qui se sont
» jointes à Bou Mezrag.

» Signé : CÉREZ. »

Le 19 le général se rendit, comme il l'annonçait, au marché du jeudi des Oulad-M'Sellem où se trouvaient les silos de la tribu. Après s'être emparé des grains qu'ils contenaient il fit brûler les villages des insurgés.

Le lendemain la colonne se dirigeant vers le Djebel-Affroun et les gros villages de Soumah et de Casbah, franchit la limite de la subdivision d'Aumale et pénêtra dans la subdivision de Sétif.

Le général ayant vu des rassemblements en avant de la direction suivie par les troupes fit aussitot ouvrir le feu ; mais les insurgés s'étant hâté d'envoyer demander l'aman les hostilités cessèrent ; les Oulad-Salem et Oulad-M'Sellem firent leur soumission.

Le 21 la colonne poursuit sa marche et attaque le village de Soumah, des Oulad-Dhan, de l'Ouennougha, qu'occupaient les contingents ennemis. Les positions des rebelles sont brillament enlevées par l'infanterie, le village composé de 80 maisons est livré aux flammes.

Pendant ce temps la cavalerie incendiait le village voisin d'El-Hammam.

A la suite de ces succès toutes les tribus situées à l'Est d'Aumale demandèrent l'aman et se réinstallèrent sur leur territoire.

Le 22 avril, le général se porta au Marabout de Si-ben-Daoud pour détruire une maison que Bou Mezrag possédait aux environs. Cette marche amena une rencontre dans laquelle les contingents de l'ennemi perdirent 8 hommes tués et eurent 55 blessés.

Le 23 la colonne campe à l'Oued-Okris, et, le 24, sur l'Oued-Ghemara. Tout le Sud-Est de la subdivision se trouvant pacifié le général Cerez après avoir séjourné le 26 à Aumale, se porta vers le nord où l'appelait la présence de nombreux rassemblements d'insurgés.

Laissons parler le général :

Le général Cérez au général commandant supérieur des forces de terre et de mer.

« Après mon arrivée hier à Bordj-Bouïra, quelques
» tribus, notamment les Oulad el Aziz, avaient fait

» auprès de moi des démarches de soumission aux-
» quelles je croyais peu ; néanmoins, je m'étais engagé
» à attendre jusqu'à aujourd'hui 10 heures, quoique
» convaincu qu'elles ne cherchaient qu'à gagner du
» temps. En effet, pendant la nuit, un espion me préve-
» nait que tous les contingents réunis devant Dra-el-
» Mizan, conduits par Si El Hadj Mohammed, cheikh de
» la zaouïa de Si Abderrahman, avaient quitté ce poste
» en ne laissant autour d'eux qu'une centaine d'hom-
» mes environ et étaient venus s'établir auprès de mon
» camp avec l'intention de m'attaquer la nuit. J'avais
» pris mes dispositions pour repousser cette attaque
» qui n'a pas eu lieu.

» Ce matin, aucune démarche de soumission n'était
» renouvelée, mais j'apprenais que de nombreux con-
» tingents étaient réunis à 8 hilomètres de mon camp.
» — J'en suis parti à 10 heures et demie avec 1,200 hom-
» mes sans sac, 600 hommes de cavalerie, mes quatre
» pièces d'artillerie et le goum. J'ai marché d'abord en
» disposant mes troupes par bataillons en colonne, for-
» mant le carré, l'artillerie au centre flanquée par la
» cavalerie à droite et le goum à gauche.

» Arrivé au point de Tekouka (voir la carte d'état-
» major) j'ai vu les mamelons qui le dominent au Nord
» occupés par des contingents armés dont je ne puis
» apprécier le nombre — 3,000 au moins — mais qui
» garnissaient les crêtes sur une longueur de plus de
» trois kilomètres. Nous avons su plus tard que ces
» contingents étaient ceux qui m'avaient été signalés la
» nuit, et qu'ils avaient employé leur temps à couronner
» les crêtes de retranchements crénelés en pierres, qui
» étaient sur double et triple ligne aux cols ou aux pas-
» sages forcés pour franchir les crêtes. J'ai aussitôt pris
» mes dispositions, formant, sous les ordres du colonel
» Méric, trois colonnes d'attaque d'infanterie, précédées
» chacune d'une ligne de tirailleurs. La cavalerie, sous
» les ordres du colonel Goursaud, faisait un mouvement

» par la droite, le goum par la gauche, et aussitôt, pen-
» dant que ces colonnes se mettaient en marche, l'artil-
» lerie ouvrait son feu sur les crêtes pour en inquiéter
» les défenseurs. Les positions ont été enlevées avec un
» entrain remarquable. Au bout de 35 minutes, nous en
» étions maîtres. Alors a commencé une poursuite qui
» ne s'est arrêtée qu'au haut des crêtes rocheuses du
» Nador, sur lesquelles se trouve le Téniet-Yaboub. Les
» insurgés ont fui dans la déroute la plus complète, tous
» les villages ont été dévastés puis incendiés. J'ai eu de
» la peine à rappeler mes troupes, alors même que l'en-
» nemi disparu avait cessé partout une résistance qui,
» pendant un moment, avait été très vive. Je ne puis
» apprécier encore numériquement les pertes de l'en-
» nemi qui sont énormes et dépassent 300 morts cons-
» tatés.

» On leur a pris beaucoup de butin, d'armes et de
» troupeaux. Si El Hadj Mohammed a disparu dès les
» premiers moments du combat.

» De notre côté nous avons eu aux zouaves deux
» hommes blessés grièvement, trois légèrement ; aux
» chasseurs d'Afrique deux hommes blessés, deux che-
» vaux blessés ; aux éclaireurs algériens M. le sous-
» lieutenant de Vialar, blessé à la cuisse, sans gravité,
» deux blessés, un cheval tué, un cheval blessé ; au
» goum un homme blessé, un cheval tué, trois chevaux
» blessés.

» L'ardeur des troupes a été remarquable : les hom-
» mes du 1ᵉʳ chasseurs d'Afrique et du 9ᵉ de France ont
» mis pied à terre pour faire le coup de feu, les chas-
» seurs du 23ᵉ bataillon ont rivalisé avec les zouaves,
» les éclaireurs ont eu leur hardiesse habituelle. Je suis
» rentré à mon camp à 8 heures du soir, sans que l'en-
» nemi songe un instant à inquiéter mon retour.

» D'après les renseignements que je viens de recueil-
» lir, j'ai eu devant moi des contingents fournis par les
» Oulad-el-Aziz, Merkalla, Beni-Meddour, les Guech-

» toula, Beni-Khallouf, Beni-Mendès, Ferkat, Mecherat
» et Zouaoua.

» Signé : Général CÉREZ. »

1ᵉʳ mai. — « Mon intention était d'aller ce matin à
» Dra-el-Mizan, dont je pouvais croire encore la situation
» critique malgré les renseignements rassurants que je
» vous avais transmis. J'ai pu me mettre en relation
» avec le commandant supérieur de ce poste et recevoir
» de lui la lettre dont je vous ai adressé le résumé. Tran-
» quille de ce côté, j'ai voulu peser sur le pays et agir
» sur les tribus insurgées qui m'environnent. Dans ce
» but, j'ai fait partir à 10 heures 1/2 deux colonnes légè-
» res composées de 500 hommes d'infanterie, 250 hom-
» mes de cavalerie, une pièce d'artillerie et 100 chevaux
» de goum.

» La première colonne, commandée par M. le lieute-
» nant-colonel Trumelet, commandant la subdivision
» d'Aumale, avait pour mission de dépasser l'Oued-
» Soufflat, en pénétrant dans le pays des Senhadja et de
» rabattre par la droite vers Sidi-Rahmoun, en traver-
» sant le territoire appartenant aux Archaoua et Nez-
» lioua.

» La seconde, commandée par M. le colonel Gour-
» saud, devait prendre l'est du Dra-Selama et se rabattre
» par la gauche sur Sidi-Rahmoun, en traversant les
» Oulad-Aziz, Archaoua et Nezlioua. Arrivé au delà de
» l'Oued-Soufflat, le lieutenant-colonel Trumelet s'est
» trouvé en présence d'un rassemblement d'environ 800
» hommes composé de Senhadja, Oulad-Sidi-Salem,
» Beni-Maned, Archaoua et Beni-Khalfoun. Prenant
» aussitôt ses dispositions, il les a attaqués et les a mis
» en déroute complète, leur tuant 73 hommes environ.
» Il a continué sa mission sans éprouver, dès ce mo-
» ment, la résistance sérieuse qu'il avait rencontrée
» d'abord.

» Il a parcouru tout le terrain indiqué précédemment
» en incendiant les villages de ces tribus, détruisant les
» récoltes.

» Vers la fin de son mouvement, un escadron du 1er
» chasseurs d'Afrique, commandé par le capitaine De
» Groulard, a été sérieusement engagé ; mais les insur-
» gés ont cédé de toutes parts et ont subi des pertes
» énormes, en outre du butin qui leur a été enlevé et au
» milieu duquel la colonne a été douloureusement im-
» pressionnée par la vue des vêtements percés de balles
» et maculés de sang ayant appartenu aux malheureux
» colons de Palestro. C'est une première vengeance de
» cet horrible massacre. Elle ne s'arrêtera pas là. De son
» côté, le colonel Goursaud a dévasté et incendié tout le
» terrain qu'il avait à parcourir, particulièrement une
» zaouïa de marabouts dangereux. Bientôt il s'est trouvé
» en face d'un contingent de 1,500 à 2,000 hommes qui
» dominaient les crêtes du Slama, bloquant Dra-el-Mizan.
» Un instant un petit peloton de zouaves, qui s'était trop
» jeté sur la droite, a été entouré par les insurgés et
» réduit à se servir de la baïonnette ; mais aussitôt secouru
» par l'escadron d'éclaireurs du capitaine Rapp et quel-
» ques cavaliers du goum, conduits par le caïd Moham-
» med ben Brahim, ce détachement a pu rallier son
» bataillon et le colonel Goursaud continuer sa poursuite
» contre les insurgés, mis en fuite jusqu'au delà des
» crêtes de la montagne. Cette colonne avait devant elle
» les contingents des Archaoua, des Nezlioua, des
» Guechtoula, Beni-Khalfoun, Oulad-el-Aziz, Maatka,
» Beni-Ouacif, etc. En résumé, l'ennemi a été chassé
» partout sur une longueur de cinq lieues environ et,
» sur cette étendue, tout ce qu'il possédait et qu'il n'a
» pas eu le temps d'emporter a été pris, détruit, brûlé.

» Il a perdu plus de 100 hommes tués, sans compter
» les blessés dont je ne puis évaluer le nombre.

» Nos pertes en présence de ce résultat sont insigni-
» fiantes : elles consistent en 3 zouaves blessés dont un

» gravement, un officier contusionné ; aux éclaireurs
» trois chevaux blessés ; au goum un cavalier tué, deux
» blessés, deux chevaux blessés.

» Ce résultat est dû, en outre de la supériorité de nos
» armes, à l'entrain des troupes que je ne puis assez
» louer depuis le commencement de mes opérations et
» à l'intelligente et énergique direction imprimée par
» MM. les colonels Goursaud et Trumelet, secondés avec
» vigueur et dévouement par les officiers de tout grade.

» Signé : Général CÉREZ. »

Vers la fin d'avril, Mokrani s'était reporté vers l'Est, dans la Medjana ; mais il n'y fit qu'une courte apparition. Le 2 mai il attaquait Bouïra avec des forces considérables, mais il était repoussé et dans les premiers jours de mai nous le retrouvons dans le pays des Aribs devant le général Cérez. Laissons parler le général :

« Bordj de Bel-Kharroub, 5 mai 1871.

» Hier j'avais attendu en vain le résultat des démar-
» ches de soumission faites au nom des Senhadja ;
» les Oulad-Sidi-Salem, seuls, moins une fraction,
» tenaient leur promesse et venaient à moi. Je projetais
» de lever mon camp aujourd'hui pour me rapprocher
» des Senhadja et venir au-devant d'un convoi de vivres
» et de munitions, lorsque j'appris qu'El Mokrani était
» parti de Bouïra et s'avançait vers moi. Cela ne changea
» pas mes projets car j'étais dans un campement
» encaissé, dominé de toutes parts, très difficile pour la
» marche du convoi et où la cavalerie ne pouvait agir
» librement.

» Dès le coucher du soleil, toutes les crêtes étaient
» garnies d'hommes armés qui tiraient sur le camp.
» Cette attaque était arrêtée, soit par le feu de nos grand'-
» gardes, soit par quelques coups de l'artillerie. Elle

» cessait vers 10 heures et le reste de la nuit était tran-
» quille.

» Ce matin, à peine avais-je engagé le convoi sur la
» route, que la gauche de la colonne était vivement
» attaquée. A une distance de 3 ou 4 kilomètres, j'ai
» aperçu un instant un goum de 300 chevaux que je n'ai
» pu amener à s'engager avec nous. Au milieu de ce
» goum était un drapeau que l'on m'assure être celui de
» Mokrani lui-même; je n'ai plus revu ni goum, ni
» drapeau.

» De nombreux contingents kabyles qu'on évalue à
» près de 4,000 hommes ont continué à lutter avec la
» colonne dans un terrain des plus difficiles; cette lutte
» leur a coûté cher : ils ont emporté un grand nombre
» de morts et ont eu beaucoup de blessés. J'espère en
» connaître demain à peu près le nombre.

» De notre côté nous avons eu un zouave de 4me régi-
» ment, un autre du 4me de marche blessés, 8 chasseurs
» du 23e bataillon blessés dont un seul grièvement.

» Les hommes plein d'ardeur allaient chercher les
» Arabes même dans les ravins où ils se réfugiaient ; il
» en est qui ont reçu ainsi des coups de couteau.

» Le tir précis de l'artillerie m'a été très utile. A
» l'heure qu'il est ces contingents sont complètement
» dispersés en fuite. Ils se composaient de tout ce que
» Mokrani avait pu entraîner depuis les Beni-Yala, jus-
» qu'aux Beni-Khalfoun, sans compter ceux de ces tribus
» venus avec lui. C'est sans doute l'approche de ces
» contingents qui a donné de l'espoir aux Senhadja. Je
» continue à m'occuper d'eux.

» Signé : Général CÉREZ. »

« Camp de Bel-Kharroub, 6 mai 1871.

» D'après les renseignements que j'ai recueillis au-
» jourd'hui ou qui me sont envoyés de différents points,

» les résultats du combat d'hier sont plus importants
» que je ne pouvais les apprécier d'abord. Les contin-
» gents que nous avons eus en face de nous sont estimés
» par les Arabes à 7,000 hommes environ, parmi lesquels,
» il est vrai, un certain nombre n'avaient pour armes
» que des bâtons ou des pierres. Le chiffre des morts et
» blessés grièvement s'élèverait à 5 ou 600. Depuis ce
» moment jusqu'à présent, contrairement aux habitudes
» des Kabyles, s'ils n'ont pas subi un grand échec, pas
» un coup de fusil n'a été tiré contre mon camp. J'ai
» fait brûler des villages, détruire des jardins sans
» trouver la moindre résistance. De deux côtés diffé-
» rents, on m'annonce que le bach agha Mokrani a été
» grièvement blessé par un éclat d'obus.

» A l'instant, je reçois de l'agha Si Bou Zid de Bouïra
» la lettre suivante :

« — J'ai l'honneur de porter à votre connaissance une
» bonne nouvelle : le bach agha de la Medjana est mort
» hier dans la soirée. Tous les contingents se sont dis-
» persés de toutes parts. Ce sont trois hommes qu'ils
» avaient faits prisonniers le jour où il nous a attaqués
» à Bouïra qui se sont échappés et viennent de m'ap-
» prendre cela. »

» J'ai rectifié le chiffre de nos pertes que je vous avais
» indiqué hier. Nous avons eu un chasseur du 23e ba-
» taillon tué, un autre disparu et 15 blessés dont 9 au
» 23e bataillon et 6 aux zouaves. Ces renseignements
» complets ne m'ont été fournis qu'après le départ de
» ma dépêche.

» Signé : Gal CÉREZ. »

« Béthoum, 7 mai 1871.

» J'ai des détails précis sur la mort de Mokrani. C'est
» un autre cavalier, encore inconnu, et non lui qui a été
» frappé par un éclat d'obus. Vers une heure, au mo-

» ment où j'arrivais au point où je voulais établir ma
» colonne, le feu avait cessé à peu près de toutes parts.
» Sur la droite deux compagnies du 23ᵉ bataillon de
» chasseurs étaient restées en arrière pour brûler un vil-
» lage. Sur la gauche, dans un ravin profond, arrivaient de
» nombreux groupes pour les couper. J'ai fait tirer l'artil-
» lerie dans ce ravin, en outre, j'ai fait porter en avant
» un bataillon du 4ᵉ zouaves de marche commandé par
» le capitaine Odon pour dominer cette position et pro-
» téger la retraite des chasseurs serrés de très près.

» Parmi les Kabyles se trouvait El Mokrani à pied
» ayant changé de vêtements pour ne pas être distingué
» par la blancheur de ses vêtements et entraînant lui-
» même ces gens pour ce dernier effort. Les zouaves ont
» ouvert sur eux des feux de peloton. C'est par l'un de ces
» feux, qui a frappé une centaine d'ennemis, que Mokrani
» a reçu une balle au front entre les deux yeux (1).

» Ses gens sont revenus et ont subi encore de fortes
» pertes pour l'entraîner par les pieds. Trois de ses mo-
» kraznis ont été tués. Il n'y avait pas de drapeau, rien
» n'indiquait le personnage qui venait de tomber (2).

---

(1) Ce fait nous a été confirmé, en 1886, par un caïd chef de goum à la colonne Cérez au combat du 5 mai 1871.

(2) En mémoire de cet événement, M. le lieutenant-colonel Trumelet, commandant la subdivision d'Aumale, a fait placer à Koudiat-el-Mesdour, où a été tué le bach agha de la Medjana, une pierre sur laquelle est gravée cette inscription :

ICI
TOMBA MORTELLEMENT
FRAPPÉ PAR LES BALLES
DU 4ᵉ ZOUAVES
LE 5 MAI 1871
LE BACH AGHA DE LA MEDJANA
EL HADJ MOHAMMED BEN EL HADJ AHMED EL
MOKRANI
CHEF DE L'INSURRECTION
———
COMMANDANT DE LA COLONNE
GÉNÉRAL CÉREZ
COMMANDANT DE LA SUBDIVISION D'AUMALE
LIEUTENANT-COLONEL TRUMELET

» Bou Mezrag a perdu la tête et s'est sauvé en disant
» seulement aux Arabes de tâcher d'enlever leurs morts.
» Le combat a cessé subitement. Il avait commencé
» vers cinq heures du matin. On me dit que le corps d'El
» Mokrani a été emporté à Kalâa des Beni-Abbès dans
» sa famille.

» L'agha de Bouïra m'écrit que la situation est bonne,
» qu'il en est le maître et qu'il n'y a plus d'inquiétudes
» à avoir pour l'Oued-Sahel, l'effet de cette mort ayant
» été immense dans tout le pays.

» Signé : Gal CÉREZ, »

Le 8 mai, le général Cérez se porta vers le nord sur l'Oued-Isser pour ramener le calme dans le pays et dégager la route d'Alger à Aumale. Il reçut la soumission des Senhadja et procéda au désarmement de cette importante tribu.

Le 13, les colons (hommes, femmes et enfants) qui avaient survécu au massacre de Palestro et étaient restés prisonniers des Kabyles furent conduits au camp du général où on leur prodigua les soins les plus empressés.

Enfin, le 14, la colonne reprit la route d'Aumale où elle ne devait faire qu'un court séjour.

En effet, après la mort du bach-agha, les contingents insurgés s'étaient en partie disséminés, mais les Kabyles de l'Oued-Sahel restaient insoumis et bloquaient, depuis le 7 avril, le bordj des Beni-Mansour (1).

---

(1) Pour tenter de communiquer avec le commandant de la subdivision, le capitaine Mas, chef de l'annexe, avait chargé un jeune cavalier nommé Mohammed ben Ahmed de porter une dépêche à Aumale. Peu après avoir quitté le Bordj, ce cavalier fut entouré et arrêté par les contingents de Bou Mezrag ; il eut alors la présence d'esprit de glisser sa dépêche dans le canon de son fusil ; grâce à cette précaution et en raison de son jeune âge, il ne fut pas tué par les insurgés, mais il fut conduit en captivité aux tentes de Bou Mezrag installées alors aux Oulad-M'sellem, dans les montagnes de l'Ouennougha. Après une captivité d'environ un mois, ce cavalier fut relâché et revint à Beni-Mansour. Il fait encore partie aujourd'hui du Maghzen de l'annexe de Sidi-Aïssa.

La colonne Cérez, ayant pris le nom de colonne de l'Oued-Sahel, se porta donc vers l'Est pour dégager Beni-Mansour ; on eut d'ailleurs bientôt des nouvelles rassurantes de la garnison, et le 17 mai le général Cérez écrivait :

« Je reçois à l'instant des nouvelles de Beni-Mansour.
» La situation est meilleure que je ne pouvais le suppo-
» ser, grâce à une sortie de la garnison qui a coûté aux
» insurgés 7 morts et 21 blessés, tandis que nous n'a-
» vions que 3 blessés ; on a pu renouveler l'approvision-
» nement d'eau. Le Bordj est aujourd'hui amplement
» pourvu en eau et en vivres. Bou Mezrag a fait offrir au
» capitaine Mas de lui livrer le Bordj avec ses armes et
» ses vivres, lui promettant de conduire à Aumale sains
» et saufs tous les européens, à la date du 11 de ce
» mois. Cette proposition a été repoussée avec indigna-
» tion par M. Mas. »

La présence de la colonne Cérez dans l'Oued-Sahel donna lieu à plusieurs rencontres dont le général rendit compte dans les termes suivants :

« Camp des Beni-Mansour, 26 mai 1871 (1 h. après-midi).

» Je suis parti ce matin d'Adjiba avec ma colonne
» pour me rendre à Beni-Mansour.
» D'après les renseignements que j'avais recueillis, je
» savais que les tribus de l'Oued-Sahel avaient écrit à
» Bou Mezrag pour lui dire que ma colonne s'approchait
» et lui demander des secours, ajoutant que s'il ne les
» protégeait pas elles seraient forcées de faire leur sou-
» mission.
» En effet, à peine arrivé à 6 kilomètres de mon camp,
» j'étais prévenu que de nombreux contingents occu-
» paient une position sur le pont dit de Mergueb et que
» Bou Mezrag était avec eux.

» J'ai massé ma colonne, pris mes dispositions et con-
» tinué ma marche.

» Presque immédiatement le goum et la cavalerie
» engagent l'action et, avant même que l'infanterie put
» entrer en ligne, les goums étaient chassés de leur
» position. En même temps, sur la gauche, un parti de
» cavaliers semblait vouloir tourner la colonne. Je les
» arrêtai par des feux d'artillerie. Les insurgés se sont
» alors séparés en deux groupes, l'un à droite vigoureu-
» sement poursuivi par les éclaireurs sous les ordres
» de leur commandant, et le goum commandé par le
» capitaine Abdelkader ; l'autre, à gauche, hardiment
» poussé par les Chasseurs d'Afrique du 1er et les Chas-
» seurs du 9e envoyés par le colonel Goursaud, sous les
» ordres du commandant Delorme.

» Ils ont eu à vaincre une vive résistance des Kabyles
» embusqués dans des bois d'oliviers. Une partie a mis
» pied à terre et fait sur l'ennemi des feux de peloton et
» d'escadron. Je les faisais appuyer, en même temps,
» par des feux d'artillerie bien dirigés et par 4 compa-
» gnies du 4e zouaves sous les ordres du comman-
» dant Vitalis qui, elles aussi, ont été fortement enga-
» gées.

» Un peu en avant, le capitaine Guillemin des éclai-
» reurs prenait aussi une vigoureuse offensive sur un
» autre groupe. Peu après l'ennemi fuyait en désordre
» de toutes parts laissant une grande partie de ses
» morts sur le terrain et ayant éprouvé de très grosses
» pertes ; les nôtres sont insignifiantes.

» La route des Beni-Mansour m'était ainsi ouverte.
» Je suis arrivé au bordj à midi et demie, délivrant la
» garnison et les malheureux colons qui y étaient étroite-
» ment bloqués depuis 52 jours.

» Heureux de pouvoir sortir enfin ils venaient au
» devant de ma colonne, les uns joyeux, les autres
» pleurant d'émotion. Je les ai trouvés bien portants,
» un homme seul de la garnison était malade depuis un

» mois ; ils n'avaient éprouvé aucune privation maté-
» rielle, la ration de pain était d'un kilogramme par jour
» et j'ai pu constater par moi-même, ainsi que je vous
» en informe par ma dépêche antérieure, que le bordj
» ne manquait ni de vivres, ni d'eau, ni de munitions,
» et pouvait encore tenir 12 à 15 jours sans le rationner
» autrement. »

« Camp des Beni-Mansour, 27 mai (8 h. matin).

» Après mon arrivée à Beni-Mansour et mon instal-
» lation au camp j'avais en face de moi le gros village
» des Cheurfa, fraction des plus importantes et des plus
» mauvaises des Beni-Mansour, celle qui a le plus
» poussé à l'insurrection dans sa tribu. Je me propo-
» sais de la châtier. Vers 2 heures de l'après-midi ce
» village, situé à mi-côte d'une des dernières croupes du
» Djurdjura, était rempli de monde; c'était une partie des
» insurgés, mis en fuite le matin, qui s'étaient retirés.
» Je résolus de l'attaquer aussitôt.

» A 3 heures je faisait partir, sous le commandement
» du lieutenant-colonel Noëllat du 4e zouaves, une colon-
» ne composée de 500 hommes d'infanterie, 200 chevaux,
» 2 pièces d'artillerie et une partie du goum. Ces troupes
» ont rapidement enlevé la position, l'infanterie abordant
» le village de front, l'escadron de chasseurs d'Afrique
» du capitaine Ulrich prenant à droite, celui des éclai-
» reurs du capitaine Raynaud encore plus à droite dans
» le but de tourner le village et de conserver les crêtes
» qui le dominent.

» Malgré la rapidité hardie du mouvement des éclai-
» reurs les gens du village ont pu prendre la fuite en se
» sauvant dans les ravins et sur les mamelons supé-
» rieurs.

» Ils ont été très vigoureusement poursuivis par les
» chasseurs et les spahis qui leur ont fait beaucoup de
» mal. L'infanterie s'est lancée contre ceux qui fuyaient

» à gauche ; tous avaient quitté le village à la suite de
» quelques obus qui y avaient été lancés.

» Là encore les insurgés ont laissé des morts sur le
» terrain ; ils en ont environ une centaine.

» De notre côté nous avons eu deux spahis tués et
» quelques hommes et soldats blessés.

» Le village a été détruit ainsi que tout ce qu'il conte-
» nait. La foule que j'avais vue dans le village était en
» effet une partie des contingents du matin encore en
» armes, commandés par Mohammed ould Kouïder, fils
» naturel du bach agha Mokrani et qui dirigeait l'attaque
» de gauche le matin.

» Pendant ce temps je voyais un mamelon situé à
» l'est du camp du côté des Ouled-bou-Djellil se garnir
» d'hommes en armes. Après y avoir fait envoyer quel-
» ques obus, j'ai lancé contre eux l'escadron d'éclai-
» reurs du capitaine Rapp soutenu par 400 hommes
» d'infanterie du 4ᵉ zouaves de marche et du 23ᵉ batail-
» lon de chasseurs à pied sous les ordres du comman-
» dant Barberet.

» Les éclaireurs se sont trouvés tout à coup en face
» de forces nombreuses : 150 cavaliers et 1,500 fantas-
» sins environ ; une très vive fusillade s'est engagée.
» Prévenu aussitôt j'arrivai avec des renforts, mais
» l'entrée en ligne de l'infanterie du commandant Bar-
» beret et du goum avait permis au capitaine Rapp,
» jusque-là maître de la situation, de prendre l'offen-
» sive. Les contingents ont été culbutés et ont fui dans
» la montagne. J'ai su qu'ils étaient commandés par
» Bou Ghennan, accompagné de tirailleurs et de spahis
» déserteurs de Bou-Arriridj armés de chassepots.

» La nuit a été parfaitement tranquille ; ce matin nos
» reconnaissances ne signalent aucun rassemblement
» autour du camp.

» Bou Mezrag n'est pas venu dans l'Oued-Sahel. Les
» contingents, ce matin, étaient commandés à gauche
» par Mohammed ould Kouïder, à droite par Bou

» Ghennan. Dans les différents engagements de la jour-
» née, il y a eu en face de nous des Mechedalla, Beni-
» Aïssi, Beni-Mansour, Beni-Abbès, Beni-Keul, des gens
» de Chellata, et même quelques-uns des Beni-Iraten ;
» leur chiffre ce matin a dépassé 3,000 hommes. »

Ce même jour une partie du goum d'Aumale qui battait l'estrade dans l'Oued-Okhris eut une rencontre près du caravansérail avec une troupe de rebelles qui étaient venus razzer des fractions restées soumises. Nos cavaliers eurent 3 blessés, mais ils s'emparèrent de 40 mulets et de 3 hommes qu'ils ramenèrent à Aumale.

Le surlendemain eut lieu une importante affaire qui motiva le rapport suivant :

« Camp d'Adjiba, le 29 mai 1871.

» Je suis parti ce matin à cinq heures des Beni-Man-
» sour. Au bout d'une heure de marche et après que ma
» colonne eut pénétré dans des terrains un peu diffi-
» ciles et boisés, j'ai aperçu des cavaliers venant tirer
» sur l'arrière-garde ; c'étaient les avant-coureurs des
» contingents réunis par Bou Mezrag à Bou-Djelil.
» J'avais pressenti cette attaque et pris mes dispositions
» de marche en conséquence. Faisant passer le convoi
» en avant sous l'escorte de 2 bataillons et d'un esca-
» dron, je me suis arrêté et j'ai pris mes dispositions
» pour combattre ces contingents.
» Sur ma droite était le goum (capitaine Abdelkader)
» et l'escadron d'éclaireurs du capitaine Rapp ; au cen-
» tre, sous les ordres du colonel Méric, 4 bataillons
» d'infanterie formant deux colonnes de 2 bataillons ;
» avec chacune d'elles était une section d'artillerie, à
» gauche dans la vallée le reste de ma cavalerie sous les
» ordres du colonel Goursaud. L'action est bientôt

» devenue générale. Les assaillants refoulés au centre
» par l'infanterie contre laquelle ils ne pouvaient tenir
» se sont repliés partie à droite, partie dans la vallée : à
» droite ils ont été repoussés vigoureusement par le
» goum et les éclaireurs qui ont pu les tourner soute-
» nus par les zouaves du commandant Barberet, ils les
» ont alors poursuivis jusqu'à trois kilomètres au delà,
» les chargeant le sabre à la main et leur ont fait subir
» d'énormes pertes ; à gauche les chasseurs d'Afrique,
» ceux du 9e et les éclaireurs que j'ai fait aussi soutenir
» par les zouaves les ont vigoureusement repoussés.
» Leur feu a arrêté brusquement le goum ennemi qui
» avait tenté de charger l'escadron du capitaine Ulrich.
» Là aussi c'est nous au contraire qui les avons atta-
» qués, les zouaves et tirailleurs du capitaine Sonnois,
» les chasseurs du 23e bataillon sous les ordres du
» commandant Bayard les ont poursuivis jusqu'au delà
» des premières crêtes qui dominent la vallée.

» L'artillerie protégeait ces divers mouvements par
» des feux bien dirigés. Le combat avait commencé à
» 7 heures, à 11 heures 1/2 les contingents avaient dis-
» paru de toutes parts. Ils étaient commandés par Bou
» Mezrag en personne qui a eu un cheval blessé et ses
» armes prises par un éclaireur algérien. Son khodja a
» été tué par le caïd Mohammed ben Brahim ; il était
» porteur du cachet d'El-Mokrani, dont il se servait pour
» entraîner encore les tribus en son nom. Ce cachet est
» maintenant entre nos mains. Les pertes sont au moins
» de 250 tués ou grièvement blessés parmi lesquels des
» personnages importants à en juger par la beauté de
» certaines armes ramassées par le goum et les éclai-
» reurs et dont le nombre dépasse 100. De notre côté,
» nos pertes sont peu graves, il n'y a que des blessures
» plus ou moins sérieuses. Le capitaine Sonnois a eu
» son cheval tué sous lui. D'après deux hommes faits
» prisonniers, Bou Mezrag avait projeté dès hier de
» m'attaquer ce matin à mon camp que j'avais quitté

» lorsqu'il est arrivé. Les contingents étaient d'environ
» 4,000 fantassins et 200 cavaliers. Ils étaient fournis par
» les Beni-Abbès, une partie des Beni-Mellikeuch,
» Cheurfa, Beni-Mansour, Ahl-el-Ksar, Sebkha, Meche-
» dalla, Beni-Aïssi et Ouennougha. Plusieurs des parents
» de Bou Mezrag étaient avec lui. Je serai demain à
» Bouïra. »

« Camp de Bouïra, le 31 mai 1871.

» Je suis arrivé à Bouïra après les opérations ou com-
» bats dont je vous ai successivement rendu compte et
» sans avoir été inquiété en rien depuis la dispersion
» des contingents amenés par Bou Mezrag. Je reçois la
» demande de soumission des Beni-Maned et des der-
» nières fractions des Senhadja. Les renseignements
» recueillis et les démarches faites auprès de moi me
» font constater que les tribus de l'Oued-Sahel sont
» effrayées par les coups frappés déjà sur elles et ne
» penseraient aujourd'hui qu'à se soumettre.
» Mes opérations dans cette région ont amené la sou-
» mission morale sinon de fait de ces tribus qui, on le
» sait, sont lasses d'une lutte qu'elles comprennent
» aujourd'hui ne pouvoir soutenir, mais elles sont arrê-
» tées par les menaces des Zouaoua et autres Kabyles
» insoumis au milieu desquels se trouve une partie de
» leurs troupeaux et de leurs familles et qui les mena-
» cent de les châtier après le départ de la colonne si
» elles se soumettaient.
» Leur situation actuelle est encore l'insoumission,
» mais n'est plus l'hostilité. Aussitôt que les opérations
» dans la Grande-Kabylie seront poussées plus avant,
» ces tribus reviendront toutes à nous par le fait même
» de la soumission des Guechtoula et des Zouaoua.
» Je reçois à l'instant des nouvelles au sujet du com-
» bat du 29. Les pertes de l'ennemi sont beaucoup plus

» nombreuses que je ne pouvais le supposer. On cite
» parmi les tués le principal instigateur de l'insurrec-
» tion dans sa tribu, l'ancien Amin el Oumena des Beni-
» Yala, le nommé Sliman ou Saïd qui a été tué à coups
» de baïonnette par les chasseurs à pied. Quand le com-
» bat a cessé, Bou Mezrag s'est enfui aux Beni-Abbès,
» abandonnant honteusement les Kabyles de la vallée,
» dont il est aujourd'hui la risée.

» Signé : CÉREZ. »

Désormais, sans inquiétudes sérieuses pour la région qu'il venait de parcourir, le général Cerez, appelé d'ailleurs à prendre part aux opérations du général Lallemant en Kabylie (déblocus de Fort-National), se porta vers le Nord avec une partie de ses troupes, laissant le colonel Goursaud dans l'Oued-Sahel pour maintenir le pays dans l'obéissance, fermer la retraite aux insurgés du Djurdjura et recevoir les soumissions qui commençaient à se produire.

Dès les premiers jours d'avril une colonne d'observation formée à Médéa et commandée par le lieutenant-colonel Muel du 1er spahis avait été placée dans le pays des Oulad-Allan, à Aïn-Bou-Cif, pour maintenir dans le devoir ces tribus turbulentes, en imposer aux Adaoura et assurer de ce côté la tranquillité du pays.

A l'annonce de la retraite vers l'Est des contingents insurgés et de la présence dans le Hodna des forces rebelles, cette colonne reçut l'ordre de s'avancer dans cette direction pour appuyer le mouvement de la colonne de l'Oued-Sahel et au besoin concourir à ses opérations en protégeant son flanc droit.

Elle devait aussi garantir le sud de la subdivision des incursions des Oulad-Mahdi, Oulad-Sidi-Hadjerès, Sellamat et Oulad-Ali-ben-Daoud, pour la plupart insurgés. Dès le mois de mars, en effet, les caïds Ali ben Tounsi de cette dernière tribu et El Amri ben El Amri, des

Oulad-Sidi-Hadjerès, étaient passés à l'ennemi avec tous leurs partisans.

La colonne Muel avait un effectif de 1,426 hommes, 53 officiers, 300 chevaux et 524 mulets.

L'infanterie aux ordres du commandant Jamot, du 2e bataillon d'Afrique, comprenait :

1 compagnie de zouaves (capitaine Larivière).

3 compagnies de mobiles du Puy-de-Dôme (commandant de Pierre).

1 compagnie (4e) du 2e bataillon d'Afrique (capitaine Servière).

La cavalerie commandée par M. le colonel de Langle se composait de :

1 escadron du 9e chasseurs de France (capitaine Charles).

1 escadron de marche du 1er spahis (capitaine Hus des Forges).

1 section d'artillerie sous les ordres du lieutenant Demougeon. Un détachement du train, une ambulance et les services administratifs complétaient l'organisation de cette colonne.

Le chef d'état-major était M. le capitaine de Lassonne du corps d'état-major.

Le chef des affaires indigènes était M. le capitaine Coyne, chef du bureau arabe de Médéa.

La colonne Muel quitta Aïn-bou-Cif le 14 mai, entra le 18 dans la subdivision d'Aumale et campa ce jour-là à El-Assaïbia dans les Oulad-Ali-ben-Daoud. Le 19 elle atteignit le caravansérail de Sidi-Aïssa et séjourna sur ce point jusqu'au 29 mai.

Ce jour-là, la colonne de Sidi-Aïssa se mit en marche vers l'est. Elle campa le soir à Aïn-Turk, dans les Ouled-Msellem, et redescendit le lendemain vers le sud, sur l'Oued-Roumeïla, dans la tribu des Ouled-Abdallah, où elle séjourna le 31 mai, le 1er et le 2 juin.

Le 1er juin, le goum qui, sous les ordres du capitaine

Coyne, éclairait la colonne dans la direction du sud-est, rencontra à Bled-Amoura, dans la tribu des Ouled-Sidi-Brahim, du cercle de Bou-Saâda, une troupe de dissidents composée de 300 cavaliers et d'un grand nombre d'hommes à pied. Un violent combat s'engagea entre les deux partis et se termina par la retraite des insurgés, qui eurent une douzaine d'hommes tués. Le goum eut 8 cavaliers blessés, dont un mortellement.

Le 3 juin, le colonel Muel descendit la vallée et prit une position peu distante de la première, où il séjourna jusqu'au 8 juin. Enfin, le 9 juin, le manque d'eau força la colonne à reprendre ses bivouacs de Sidi-Aïssa.

Le 15 juin, le lieutenant-colonel Trumelet, qui avait quitté, le 8, la colonne Cérez, arriva à Sidi-Aïssa avec des renforts composés d'une compagnie de zouaves et d'une section de tirailleurs, et prit le commandement de la colonne de Sidi-Aïssa.

Mais revenons à l'Oued-Sahel.

Nous avons vu que dans les derniers jours de mai, la colonne Cérez avait débloqué le bordj de Beni-Mansour et battu, à plusieurs reprises, les insurgés. Le 27 mai, M. le capitaine Mas, chef de l'annexe, avait été remplacé à Beni-Mansour par M. le capitaine Odon, du 1er régiment de zouaves.

A peine la colonne du général Cérez se fut-elle éloignée, que les dissidents tirèrent contre le bordj quelques coups de feu inoffensifs. Les défenseurs tuèrent un homme aux insurgés. Les derniers jours de mai furent employés à compléter la mise en état de défense du bordj.

Le 2 juin, un millier d'insurgés descendirent des montagnes des Beni-Abbès, se dirigeant vers les ksars. Le capitaine Odon n'hésita pas à sortir du bordj avec 50 hommes à pied et 6 cavaliers, qui, se plaçant sur les hauteurs voisines, tirèrent à grande distance sur la colonne insurgée. Cette simple démonstration obligea l'ennemi à faire un assez long détour.

Le 3 juin, quelques coups de fusil ayant été tirés sur le bordj, le capitaine Odon prononça une sortie, s'empara d'un rôdeur ennemi et acheva de brûler la maison du nommé El-Hadj Souissi ou Yahya, un des chefs de la révolte dans le pays.

Le 13 juin, la garnison de Beni-Mansour eut à combattre ; voici d'ailleurs le rapport de M. le capitaine Odon sur les événements des premiers jours de juin.

*Rapport sur le combat des Beni-Mansour
du 13 juin 1871*

« Depuis le 3 juin, date de la dernière lettre que j'ai
» eu l'honneur de vous adresser, je n'ai pas cessé, tout
» en améliorant le plus possible les moyens de défense
» du poste de Beni-Mansour, de peser sur le pays pour
» obtenir que les tribus les plus voisines fissent leur
» soumission.

» Notamment, le 12 juin, j'ai achevé de brûler les
» villages voisins du Bordj, dans lesquels la colonne
» avait laissé un certain nombre de maisons intactes. Le
» lendemain à 8 h. 1/2 les tribus des Beni-Mansour et
» des Cheurfa, aidées par les Beni-Kani et les Beni-Abbés,
» réunissaient environ 600 hommes et venaient attaquer
» le Bordj espérant bien nous forcer d'y rentrer et nous
» y bloquer.

» Aux premiers coups de feu nous occupâmes par des
» tirailleurs le village des Aït-bou-Ali ainsi que la crête
» qui, de ce point, se dirige à l'Est parallèlement à
» l'Oued-Sahel et va mourir dans la plaine à hauteur de
» l'ancien moulin. Nous couvrions ainsi toute la face
» Sud du bordj. Une deuxième ligne de tirailleurs établie
» en avant de la face Est où se trouve la grande porte
» d'entrée, avait son centre en avant de l'ancien moulin,
» sa droite appuyée à la première ligne et sa gauche
» dans le jardin militaire. Cinquante hommes étaient

» déployés sur les 2 lignes, 40 environ restant au bordj
» en réserve, soit dans la cour, soit dans les bastions.
» L'ennemi avait formé deux rassemblements considé-
» rables : le premier composé d'environ 200 Cheurfa,
» Beni-Mansour et Beni-Kani, était dans les oliviers qui
» se trouvent sur la rive gauche de l'Oued-Mahrir et en
» avant du mamelon qui domine à la fois ces oliviers et
» la rivière ; le deuxième composé de 300 Beni-Abbés se
» trouvait à 500 mètres en avant du village des Aït-bou-
» Ali sur une éminence couronnée par 6 ou 8 maisons
» kabyles appartenant à Si Mohammed ben Taïeb. De ce
» point partait un feu très vif. Ces deux groupes, distants
» de 1,200 mètres étaient mal liés par une centaine de
» tirailleurs.

» Le combat s'engagea dans cet ordre et dura trois
» quarts d'heure sans résultat de part et d'autre, puis un
» mouvement se prononça parmi les indigènes qui se
» trouvaient dans les oliviers. Nos hommes gagnaient
» de ce côté rapidement du terrain, il y avait également
» dans notre première ligne de tirailleurs un mouvement
» en avant assez sensible quoique l'ennemi tint bon de
» ce côté.

» Voyant les bonnes dispositions de la troupe, je fis
» sortir du bordj quelques hommes de plus, que je
» plaçai en réserve derrière la deuxième ligne de
» tirailleurs ; j'ordonnai à M. le lieutenant Louvel d'en
» prendre le commandement et de repousser l'ennemi
» sur la rive droite de l'Oued-Mahrir. Ce fut fait dans
» l'espace d'une demi-heure, l'ennemi se débanda com-
» plètement de l'autre côté de la rivière et entraîna dans
» sa fuite les tirailleurs qui le liaient aux Beni-Abbés.
» Ordre fut alors donné au détachement de M. Louvel de
» faire à droite et de se diriger contre le contingent des
» Beni-Abbés en suivant une ligne de petits mamelons
» qu'occupaient un instant auparavant les tirailleurs
» ennemis.

» Par ce mouvement il s'avançait sur le flanc droit du

» groupe ennemi qui faisait encore bonne contenance et
» menaçait de l'acculer à un escarpement rocheux assez
» difficile. Dès que ce détachement fut arrivé à 200
» mètres des maisons de Si-Mohammed-ben-Taïeb une
» bande considérable de Beni-Abbés prit la fuite puis, à
» mesure que nous avançâmes en tiraillant, toute la masse
» s'enfuit et fut obligée, par l'escarpement dont j'ai
» parlé ci-dessus à défiler devant nous à bonne portée.
» Nous l'accompagnâmes d'une fusillade très vive et très
» efficace.

» Un groupe de cinq ou six disciplinaires emportés
» par leur ardeur et trouvant qu'il était trop long de
» recharger leurs fusils m^{le} *1857*, coururent à la baïon-
» nette sur les fuyards et coupèrent la retraite d'une
» vingtaine qui rejoignirent dans les maisons ceux des
» leurs qui les défendaient encore.

» Pendant que la 2ᵉ ligne de tirailleurs attaquait l'en-
» nemi par sa droite, la 1ʳᵉ ligne, dirigée par M. le sous-
» lieutenant Lévêque et le sergent Lainé du 4ᵉ zouaves
» de marche, descendait du village des Aït-bou-Ali,
» attaquait de front et atteignait la position en même
» temps que l'autre ligne.

» Jusque-là nous n'avions eu qu'un seul homme blessé;
» mais nous fîmes des pertes bien plus sérieuses en
» enlevant les maisons qui étaient crénelées et occupées
» par les indigènes les plus déterminés. Il était 10 h. 1/2
» quand nous arrivâmes aux maisons de Si-Mohamed-
» ben-Taïeb, nous ne pûmes nous en emparer que 4
» heures après, à 2 heures 1/2, lorsque le feu mis à la
» porte de la dernière maison dans laquelle l'ennemi
» était acculé, eut gagné le toit et que les dissidents
» entendirent saper le seul mur sur lequel ils n'avaient
» pas de créneaux. Enfin, forcés de fuir, 30 d'entre eux
» défilèrent devant nous à la distance de 4 à 6 mètres et
» nous en tuâmes ou blessâmes un bon nombre, tant
» par le feu qu'à la baïonnette. Nous eûmes dans cette
» 2ᵉ partie du combat 2 hommes tués à bout portant,

» 3 blessés assez grièvement et 4 légèrement. Ces 7
» derniers reçurent leurs blessures presque à bout
» portant, il y eut en outre un cheval tué.

» Lorsqu'on pénétra dans la dernière maison occupée
» par l'ennemi on y trouva 11 cadavres, on en avait déjà
» vu 13 tant autour des maisons que dans le jardin du
» bordj auprès de l'Oued-Mahrir. Le nombre des morts
» de l'ennemi, constaté par nous, est donc de 24 ; mais ce
» chiffre est évidemment inférieur au nombre réel, car
» plusieurs morts ont été enlevés avant que nous ayons
» pu constater leur état. D'après les renseignements
» recueillis auprès des indigènes, l'ennemi aurait perdu
» dans le combat du 13 juin de 30 à 35 tués et de 60 à 80
» blessés. En rentrant au fort nous avions comme
» trophées : 17 fusils, des cartouches et des bernous.

» J'ai dû adresser des félicitations à tout le monde,
» car tous, officiers, assimilés, zouaves, disciplinaires,
» spahis, maghzen, ont fait preuve d'autant de courage
» que d'énergie.

» Depuis le 13 juin nous sommes maîtres incontestés
» de la plaine qui entoure le bordj des Beni-Mansour ;
» aucun dissident n'ose s'y hasarder.

» Les morts qui se trouvaient dans la maison de Si
» Mohammed-ben-Taïeb ou autour d'elle ont été enlevés
» de nuit.

» Le 14 au soir il en restait encore trois abandonnés.

» Signé : ODON. »

Le 15 juin Bou-Mezrag, profitant de l'éloignement momentané de la colonne Goursaud, se porta avec plus de 100 cavaliers entre El-Esnam et Aïn-Hazem et fit sur deux douars des Beni-Amar une razzia de 300 moutons, 15 bœufs, 8 chevaux ou mulets.

Le 13 juin, les dissidents avaient exécuté une semblable razzia à El-Esnam.

A la nouvelle de ces coups de main et des projets

d'incursion du côté d'Aumale que l'on prête à Bou Mezrag, le lieutenant-colonel Trumelet renvoie de Sidi-Aïssa à Aumale un goum de 100 chevaux commandé provisoirement par le caïd Aïssa bel Arbi des Oulad Solthan, en attendant l'arrivée de M. le sous-lieutenant El Isseri, caïd des Ahl-El-Euch. Ce goum devait éclairer au loin la place en battant l'estrade du côté de l'Est entre les routes de Teniet O^d-Daoud et de Beni-Mansour. Depuis longtemps déjà des avant-postes avaient été placés au pont des gorges, à Smeïda (ferme Bordier) et sur les principaux débouchés vers l'Est.

Le 17 juin le bruit courait que les insurgés avaient abandonné le camp d'El-Hammam-Ksenna et que Bou Mezrag se trouvait à Aïn-Taza avec 200 chevaux et de 4 à 500 fantassins.

Quant à Saïd ben Bou Daoud, caïd insurgé du Hodna, on le disait au Djebel-Tagdit dans les Oulad-M'sellem.

Cependant le colonel Goursaud, commandant la colonne de l'Oued-Sahel, avait résolu de se porter, le 19, sur le territoire de la tribu révoltée des Ahl-el-Ksar de l'annexe de Beni-Mansour et avait demandé la coopération des forces placées à Aumale et à Sidi-Aïssa. Les dispositions prises dans ce but donnèrent lieu, le 19, à un combat entre les goums d'Aumale, de Médéa et de Boghar et les contingents insurgés rassemblés dans le voisinage du Khemis des Oulad-M'sellem (Ouennougha).

Voici le compte rendu de cette opération adressé par M. le lieutenant-colonel Trumelet au commandant en chef des forces de terre et de mer, général Lallemant, et au gouverneur général :

« Sidi-Aïssa, 20 juin 1871.

» Par lettre du 18, qui me parvenait à 8 heures du soir,
» le colonel Goursaud, commandant la colonne de l'Oued-

» Sahel, me faisait connaître qu'il se proposait d'atta-
» quer le lendemain les Ahl-el-Ksar, tribu révoltée de
» l'annexe de Beni-Mansour. Trop éloigné du théâtre de
» l'action, prévenu trop tard pour pouvoir y coopérer
» avec ma colonne, et mes moyens de transport, com-
» posés exclusivement de chameaux, ne me permettant
» pas l'accès du pays difficile qui me séparait du colonel
» Goursaud, je voulus cependant faire le possible pour
» lui faciliter son opération en donnant par une diver-
» sion des inquiétudes à l'ennemi et l'empêchant de se
» porter au secours des Ahl-el-Ksar. En conséquence,
» j'ordonnai à 300 cavaliers de Thithri et d'Aumale de
» se porter dans la direction de la route de Séthif et au
» sud de la tribu de Ahl-el-Ksar que le colonel Goursaud
» devait attaquer par le nord.

» Un goum de 150 chevaux, chargé de la protection de
» l'est d'Aumale, recevait en même temps l'ordre de se
» porter vers la Teniyet O^d-Daoud. Les goums d'Aumale
» et de Thithri, partis de mon camp du djebel Naga
» avant le jour, rencontraient les éclaireurs de l'ennemi
» vers huit heures du matin, et se lançaient immédiate-
» ment à leur poursuite. Entraînés ainsi jusqu'au khemis
» des Oulad-M'sellem, pays boisé et d'un accès très
» difficile, notre goum se trouvait subitement en pré-
» sence de forces supérieures en cavalerie et en fantas-
» sins des contingents qui se portaient dans la direction
» des Ahl-el-Ksar. Nos cavaliers, vigoureusement menés
» par les capitaines Cartairade, Coyne et Labayle, des
» affaires indigènes d'Aumale, de Médéa et de Boghar,
» fondirent sur l'ennemi et lui firent éprouver des pertes
» très sensibles ; mais le nombre des rebelles augmen-
» tant d'instant en instant et le terrain de la lutte étant
» on ne peut plus défavorable à l'action de la cavalerie,
» notre goum se trouvait bientôt sérieusement engagé.
» Le combat devint aussitôt une mêlée acharnée dans
» laquelle nos cavaliers eurent 9 hommes tués ou dispa-
» rus et 9 blessés, presque tous de coups de sabre.

» L'ennemi a, de son côté, éprouvé des pertes très
» sérieuses. Si nos pertes ont été sensibles, en revan-
» che, le but que je m'étais proposé était atteint car
» l'ennemi avait été arrêté dans son dessein de se porter
» au secours des Ahl-el-Ksar et par suite l'opération
» projetée par le colonel Goursaud avait dû nécessaire-
» ment en être facilitée.

» Je citerai parmi ceux qui se sont fait remarquer
» dans le combat Zouaoui ben Messaoud, caïd des caïds
» des Adaoura, Saïd ben Amar des Oulad-Driss, Ali ben
» Abderrahman, caïd des caïds des Oulad-Mokhtar ech
» Cheraga et Mohy Eddin ben Delghiz de Boghar.

» Signé : lieutenant-colonel TRUMELET. »

Ce combat, que les indigènes du pays affectent encore de considérer comme un succès pour les insurgés, est connu sous le nom de combat de l'Oued-bou-Asaker.

La veille de cette rencontre la colonne de Sidi-Aïssa avait transporté ses bivouacs à Aïn-Tolba, dans la montagne de Naga, à peu de distance du caravansérail de Sidi-Aïssa.

Elle resta à Aïn-Tolba jusqu'au 27 juin.

Le 28 juin, le lieutenant-colonel Trumelet se dirigea vers le Nord-Est sur le bivouac d'El-Kelkha sur l'Oued-el-Haci entre le djebel Abdallah et le djebel Tagdidt (tribu des Oulad-Msellem).

Le 29 la colonne stationna sur ce point.

Les feux des insurgés furent aperçus la nuit sur les hauteurs d'El-Ateuch, de Tagdidt, d'El-Afroun et sur le pic de Khennat.

Le 30 la colonne se replia sur Aumale par le djebel Serdoun et Aïn-Sedda pour se ravitailler et échanger le bataillon de mobiles du Puy-de-Dôme, destiné à rentrer en France, contre un bataillon du 50ᵉ de ligne.

La colonne s'éjourna à Aumale jusqu'au 7 juillet.

Le 28 juin, pendant que la cavalerie du colonel Goursaud avait près de Beni-Mansour un engagement peu important avec les insurgés et que le colonel Trumelet parcourait la tribu des Ouled-M'sellem, une affaire malheureuse eut lieu dans les environs de Bouïra.

300 indigènes des Ouled-el-Aziz, restés insurgés, ayant fait une razzia sur les Ouled-Bellil et réussi à emmener une certaine quantité de bétail, le caïd de la tribu, M'hammed ben Mansour, se jeta avec 25 cavaliers à leur poursuite et les rejoignit non loin de Bouïra dans le massif boisé de Rabet-Rich. Le caïd, s'avançant dans le fourré escorté de quelques hommes, essuya une décharge à petite portée et tomba mortellement frappé. Le corps du caïd tomba au pouvoir des ennemis qui lui coupèrent la tête (1).

La colonne Goursaud, revenant de Beni-Mansour, ne tarda pas à venger la mort du malheureux caïd M'hammed ben Mansour.

En effet, le 4 juillet, le colonel livrait aux contingents des Ouled-el-Aziz, unis à quelques insurgés du cercle de Dra-el-Mizan, le brillant combat de Teniet-Djaboub, dans lequel l'ennemi perdit plusieurs centaines d'hommes, tués ou blessés. De notre côté nous eûmes à déplorer la mort de M. le sous-lieutenant Crouzet, tué en montant à l'assaut des positions ennemies.

Cependant la colonne Cérez, après avoir concouru aux opérations du général Lallemant en Kabylie, avait reparu dans l'Oued-Sahel, où elle recevait, concurremment avec celle du colonel Goursaud, les soumissions des tribus.

En effet, la situation générale s'améliorait sensiblement dans la subdivision : les insurgés, refoulés vers l'Est et le Hodna, menaçaient encore de ce côté les tribus limitrophes, mais tout le pays au nord et à l'ouest d'Aumale paraissait désormais pacifié.

---

(1) Un insurgé aurait aussi coupé un doigt de la main du caïd pour s'approprier une bague en or qui n'aurait pu être retirée sans cette mutilation.

Toutefois, en raison des inquiétudes qu'inspirait, pour le sud-est de la subdivision, la concentration dans le Hodna des contingents insurgés, le lieutenant-colonel Trumelet quitta Aumale, le 8 juillet, avec sa colonne, à laquelle s'étaient joints deux bataillons du 50ᵉ (commandants Gaudon et Masse), pour se rendre à El-Grimidi, dans le Djebel-Naga, où il stationna jusqu'au 4 août.

A la date du 8 juillet, le général commandant à Alger avait décidé que la colonne de Sidi-Aïssa se porterait sur la place de Bou-Saâda, investie par Saïd ben bou Daoud, tandis que le général Cérez se dirigerait vers M'sila.

En conséquence, la colonne Cérez, laissant le colonel Goursaud dans l'Oued-Sahel, se dirigea sur Aumale.

Dans la nuit du 10 au 11 juillet un parti d'insurgés enleva quelques têtes de bétail à une nezla d'Aïn-Tiziret.

Le 13, un goum de plus de 100 cavaliers dissidents exécuta un nouveau coup de main sur les Beni-Iddou.

Dans le petit combat auquel donna lieu cette incursion, plusieurs indigènes furent tués de part et d'autre.

Bientôt, l'arrivée à Aumale et le mouvement vers M'sila de la colonne Cérez, nettoyait définitivement cette partie du pays, plus directement exposée aux coups de l'ennemi.

Le 26 juillet, le colonel Goursaud, qui continuait ses marches dans l'Oued-Sahel, prononçait la réouverture des marchés des Arib et de Bouïra, fermés depuis le mois de mars.

Enfin, dans les premiers jours d'août, tous les autres marchés de la subdivision furent réouverts, à l'exception toutefois de ceux des Adaoura, Oulad-Sidi-Aïssa et Oulad-M'sellem.

Le lieutenant-colonel Trumelet s'était procuré, à grand peine, en pays arabe, les moyens de transport indispensables au mouvement de sa colonne sur Bou-Sâada ; il leva son camp de Grimidi le 5 août et, après avoir laissé

30 hommes et un officier au caravansérail, alla camper près de l'Oued-Djenan, à Anseur-Ferhat.

Son effectif s'était augmenté d'un escadron de cavalerie et de 2 sections de canons de 4 rayé de montagne, aux ordres du capitaine Hausteler.

Le 6 août la colonne était à Aïn-el-Hadjel, le 7 à El-Garsa, le 8 à Aïn-Kerman.

Dans l'après-midi de ce jour, le lieutenant-colonel Trumelet gravit, à la tête d'une colonne légère, les pentes escarpées du Djebel-Sellat et entra sans résistance dans le petit village de Ben-Zou (cercle de Bou-Sâada), dont les habitants avaient fait cause commune avec les insurgés. Surpris par la marche hardie du colonel, les gens de Ben-Zou livrèrent leurs armes et laissèrent emmener comme otages leur cheikh Kouïder ben Ahmed et les principaux notables du Ksar. Le colonel était de retour à son camp d'Aïn-Kerman à 9 heures du soir.

Le lendemain la colonne continua sa marche vers le Sud et atteignit l'oasis d'Ed-Dis.

Nos troupes trouvèrent le petit ksar abandonné de ses habitants qui, ayant pris part à l'insurrection, s'étaient réfugiés dans les rochers du Djebel-Birech pour échapper à nos coups. Mais le capitaine Servière les délogea de leurs positions avec 100 zouaves et 50 tirailleurs, leur tua 12 hommes et les contraignit à demander l'aman.

Après avoir ravitaillé Bou-Sâada et y avoir fait séjour jusqu'au 15 août, la colonne Trumelet reprit le chemin d'Aumale où elle arriva le 20 sans incident.

Peu d'instants après, la colonne Cérez, de retour de M'sila, arrivait aussi sous les murs d'Aumale.

Le général Cérez prit alors le commandement de toutes les troupes et le lieutenant-colonel Trumelet exerça à Aumale ses fonctions de commandant de la subdivision.

Dès le commencement de septembre, les Oulad-M'sellem, Oulad-Si-Amor et Beni-Inthacen demandèrent l'aman. Peu à peu la tranquillité renaissait dans le pays;

cependant les tribus du Sud-Est et la route même d'Aumale à Bou-Sâada étaient encore exposées aux incursions des dissidents qui, de temps à autre, franchissaient les limites de la subdivision, tombaient comme la foudre sur les tentes fidèles et reprenaient ensuite, avec leur butin, le chemin du Hodna (1).

C'est ainsi que le 15 septembre les contingents de Saïd ben Bou Daoud firent sur les Oulad-Sidi-Aïssa et les Oulad-Abdallah une razzia de 300 chameaux. Les Oulad-Mokhtar et Mouïadat du cercle de Boghar, alors campés au sud du Guetfa sur la limite du cercle d'Aumale, prévenus de la marche des insurgés, se mirent immédiatement à leur poursuite, conduits par leur caïd et parvinrent à leur reprendre une partie de leur butin. Bientôt les cavaliers des Oulad-Sidi-Aïssa et des Oulad-Si-Amor accoururent à leur tour et se jetèrent sur les traces des ravisseurs qu'ils atteignirent à Oum-el-Louza et qu'ils chargèrent avec impétuosité.

Dans ce combat les rebelles eurent 2 hommes et 3 chevaux tués et plusieurs blessés ; les nôtres perdirent aussi 2 hommes et eurent 2 blessés. Les dissidents furent repoussés et on leur reprit la plus grande partie du bétail enlevé.

Dans le courant du même mois, une caravane composée de cinq européens et de quelques indigènes des Oulad-Driss, avait entrepris de se rendre d'Aumale à Bou-Saâda. L'autorité locale ne cacha pas aux européens le danger qu'ils couraient en s'aventurant sur une route souvent coupée par les insurgés ; mais toutes les représentations, tous les avis furent inutiles et les voyageurs s'entêtèrent à entreprendre leur expédition. Parvenus à Daïet-el-Atrous, dans le sud du cercle d'Aumale, ils furent attaqués par les dissidents. Trois européens

---

(1) C'est en repoussant une de ces incursions que fut blessé d'une balle au bras droit le fils du caïd des Oulad-Sidi-Aïssa, Abdelkader-ben-Mohammed-el-Mebarek-ould-Mostefa, actuellement chef de sa tribu en remplacement de son père.

furent tués, le quatrième resta prisonnier des insurgés, seul le cinquième parvint à gagner Bou-Saâda.

Plus tard, quand l'ordre fut rétabli dans le pays, les coupables furent arrêtés. L'affaire fut instruite à Bou-Saâda et donna lieu à 10 condamnations capitales, dont 5 reçurent leur exécution.

Trois des condamnés mis à mort étaient de la tribu des Ouled-Ali-Ben-Daoud, les deux autres des Ouled-Ameur, de Bou-Saâda. Les autres condamnés eurent leur peine commuée.

Pour éviter le retour de ces actes de brigandage, ordre fut donné aux nezla fidèles de se grouper en zmala sur des points où elles n'avaient rien à redouter de l'ennemi. M. le sous-lieutenant El Isseri, caïd des Ahl-El-Euch, fut envoyé au sud de Sidi-Aïssa avec un goum de 100 chevaux pour tenir la plaine et en interdire l'accès aux cavaliers de Saïd ben Bou Daoud.

A la fin de septembre, Bou-Mezrag passait pour être à Mansoura, dans la division de Constantine.

La situation laissait encore à désirer dans l'Ouennougha et dans les tribus avoisinant le poste de Beni-Mansour. La lettre suivante du capitaine Odon, chef de l'annexe, en est la preuve et donne des renseignements précis sur l'état des choses de ce côté.

*Rapport du Chef d'annexe
au Commandant de la subdivision*

« 9 septembre 1871 (Beni-Mansour).

» J'ai l'honneur de vous rendre compte que les dis-
» sidents de l'Ouennougha deviennent de plus en plus
» entreprenants. Ils ont un goum de 60 chevaux avec
» lequel ils font des coups de main très hardis. Le 25 ou
» le 26 du mois dernier ils se sont emparés de 28 mulets

» de la colonne Thibaudin (1); trente de ces mulets
» appartiennent au train, 5 hommes du train ont été tués,
» les dix conducteurs restant auraient été faits prison-
» niers suivant les uns, d'après une autre version ils
» auraient pu rejoindre le camp. L'affaire s'est passée
» au village des Oulad-Sidi-Ali où la colonne s'appro-
» visionnait de paille. Comme il y a une montagne entre
» ce village et le camp, les dissidents ont pu s'embus-
» quer et tomber à l'improviste sur la corvée. La cavale-
» rie de la colonne s'est mise à la poursuite du goum
» ennemi, mais n'a pu le rejoindre.

» J'ai ces renseignements par des gens des Beni-
» Abbés qui assistaient à l'affaire comme sokhars et
» qui ont pu s'enfuir; ils m'ont dit aussi que deux
» sokhars avaient été tués et une vingtaine emmenés
» prisonniers. Hier 9, ils sont venus couper la route de
» Beni-Mansour à Aumale en plusieurs endroits près
» d'Adjiba et à Kabouch sur la limite des Mechedalla et
» des Beni-Mansour. Ils espéraient enlever les gens qui
» portent la contribution de guerre à Aumale; mais
» comme je fais passer tout le monde jusqu'à Kef-el-
» Ahmar par les collines où se trouvent les villages des
» Mechedalla, ils n'ont trouvé personne soit sur la
» grande route, soit sur l'ancien chemin turc. Après
» avoir dispersé la garde placée près de la route à
» Kabouch ils ont enlevé 2 ou 3 mulets et 100 chèvres
» ou moutons, 6 hommes et 3 femmes. Dès que j'ai été
» prévenu j'ai fait monter à cheval 6 cavaliers que j'avais
» sous la main, j'ai fait partir également à la poursuite
» tous les hommes des Beni-Mansour et des Cheurfa
» ayant des fusils. Mon petit goum a joint l'ennemi et
» lui a pris un mulet et cinq chèvres; il n'a pu reprendre
» le reste parce qu'il n'était pas en force et que les pié-
» tons étaient trop loin derrière pour soutenir. Le
» nommé Miloud ben El Hadj, mokhazni, a eu son cheval

---

(1) Cette colonne opérait dans la division de Constantine.

» tué sous lui. Ces quelques dissidents répandent la
» terreur dans toutes les tribus placées sous mon com-
» mandement. Depuis Kalaâ des Beni-Abbés jusqu'aux
» Beni-Yala tout le monde tremble. De tous côtés on
» parle du retour de Bou-Mezrag ; il ne manque pas de
» gens qui le désirent, qui ne se font pas faute de col-
» porter les bruits les plus fâcheux et même qui servent
» de guide à l'ennemi.

» Il est absolument nécessaire de faire cesser cet état
» de choses. Comme nous avons affaire à des cavaliers
» et que les piétons indigènes les redoutent beaucoup,
» non seulement je ne pourrai rien tenter contre le goum
» ennemi, mais je ne puis même répondre que les gardes
» restent à leur poste, surtout la nuit, si elles n'ont pas
» la certitude d'être secourues rapidement par les cava-
» liers. Par conséquent il me faut des cavaliers. Avec
» 50 spahis que je pourrai diriger moi-même j'espère
» pouvoir rendre la sécurité au pays. S'il n'est pas pos-
» sible d'en avoir 50, envoyez-m'en 25, je ferai ce que je
» pourrai ; mais je ne me résignerais pas du tout à
» rester paisiblement dans mon bordj pendant que les
» populations placées sous mon commandement seraient
» journellement pillées. Il me serait trop pénible d'avoir
» à endurer chaque jour leurs plaintes ; il faut que je
» puisse protéger sérieusement les indigènes soumis ;
» sans cela je demande à quitter le poste qui m'a été
» confié et que je n'ai accepté que dans l'espoir de pou-
» voir y être utile.

» J'ai besoin de recevoir très rapidement la cavalerie
» que j'ai l'honneur de vous demander. Ce qui est égale-
» ment urgent, c'est qu'on ne laisse pas indéfiniment
» insoumis le pâté de l'Ouennougha dont les habitants
» font une propagande active et qui, à la longue, pourrait
» avoir du succès. J'espère qu'une colonne ne tardera
» pas à mettre ces gens-là à la raison.

» Signé : ODON. »

Peu après le capitaine Odon ayant reçu des renforts put livrer le 25, aux insurgés, le combat victorieux qu'il raconte en ces termes :

« Beni-Mansour, 25 septembre 1871.

» Pensant que le meilleur moyen de protéger les
» tribus soumises contre les incursions des dissidents
» consiste à éloigner ceux-ci le plus possible je résolus,
» dès que le goum du capitaine Abdelkader fut arrivé à
» Beni-Mansour, de soumettre les Oulad-Sidi-Brahim-
» bou-Bekeur ou de détruire leur village. Pour obtenir
» ce résultat je joignis au goum et à mon maghzem 120
» hommes environ des Cheurfa et des Beni-Mansour et
» 300 des Beni-Abbès.
» Nous partîmes du bordj à 1 heure du matin ; au
» point du jour nous étions à proximité du village à
» attaquer. Avant d'arriver aux Oulad-Sidi-Brahim-Bou-
» Bekeur le chemin venant de Beni-Mansour traverse
» un ravin assez profond (Tanift ouarek ou Mansour)
» qui se dirige de l'Est à l'Ouest. La pente sud de ce
» ravin se termine par une crête longue et étroite derrière
» laquelle se trouve le village dans un bas-fond. La
» possession de cette crête entraîne forcément celle du
» village dominé par elle de très près. La pente nord
» du Ouarek ou Mansour est terminée par une crête à
» peu près semblable.
» Je formai ma petite colonne sur deux lignes compre-
» nant les Cheurfa et Beni-Mansour au centre, les
» Beni-Abbés à gauche, 60 hommes des goums à droite;
» la seconde, servant de réserve était composée de mon
» maghzen, 20 hommes armés de chassepots et de 40
» cavaliers du goum. Je lançai la 1re ligne espérant
» qu'elle surprendrait les dissidents et occuperait la
» crête opposée sans résistance.
» Il n'en fut pas ainsi, les Oulad-Sidi-Brahim étaient

» sur leurs gardes ; ils accueillirent les assaillants par
» un feu très vif, blessèrent à mort un homme des
» Cheurfa et tuèrent la jument du caïd des Beni-Mansour ;
» devant cette résistance les Beni-Abbés lachèrent pied
» et leur mouvement fut suivi de la gauche à la droite
» par tout le monde ; mais ce mouvement qui était pré-
» cipité à gauche, s'opéra assez lentement au centre et
» à droite.

» La réserve prolongea la retraite de la 1re ligne et
» tirailla ensuite pendant une heure environ en attendant
» que celle-ci fut réorganisée. Alors les Cheurfa et
» les Beni-Mansour furent placés à la droite du maghzen,
» derrière la crête nord du Tanift Ouarek ou Mansour,
» et durent faire un feu très nourri sur la crête sud
» occupée par l'ennemi, pendant que le goum tournait
» celui-ci par sa gauche.

» Le goum très bien dirigé par le caïd El Hadj ben
» bou Kharrouba (Arib) força, par ce mouvement, l'en-
» nemi à se retirer. Le caïd avec une partie de son
» monde occupa la crête que venaient d'abandonner les
» dissidents et avec l'autre il les poursuivit à travers le
» village.

» Les Oulad-Sidi-Brahim voyant leur village envahi et
» étant déjà désarmés en grande partie déclarèrent qu'ils
» se soumettaient ; cette soumission tardive n'arrêta
» pas le pillage. — Ce combat fait le plus grand honneur
» au goum auquel est dû le succès obtenu. Le capitaine
» Abdelkader étant malade avait, à son grand regret, dû
» rester à Beni-Mansour ; j'avais laissé le commande-
» ment au caïd El hadj ben Kharrouba ; nos pertes ont
» été de deux hommes des Cheurfa blessés, l'un mortel-
» lement, l'autre très légèrement, une jument tuée, une
» blessée de trois balles ; ces blessures sont sans gra-
» vité. L'ennemi a eu 3 morts et 8 ou dix blessés. J'ai
» amené 7 otages à Beni-Mansour, comme ils sont très
» influents ils suffisent pour répondre de la soumission
» de la tribu. Nous avons enlevé à l'ennemi une trentaine

» de fusils et des effets de toute nature parmi lesquels
» se trouvaient 3 burnous d'investiture appartenant à
» des cheikhs de l'Ouennougha.

» J'ai donné ces burnous à des indigènes de l'annexe
» qui sont proposés pour caïds.

» Signé : ODON. »

Enfin le 30 septembre et le 2 octobre les contingents de Bou-Mezrag tentèrent encore des coups de main sur le village kabyle d'Iril-Ali, mais ils furent repoussés par les Beni-Abbès, appuyés par le chef de l'annexe de Beni-Mansour (1).

Ce fut le dernier effort sérieux des insurgés dans cette région : toutes les tribus firent successivement des ouvertures de soumission et à la date du 13 octobre les Ahl-el-Sebkha seuls n'avaient pas demandé l'aman.

Dans le sud de la subdivision tout rentrait peu à peu dans l'ordre ; les tentes des différentes tribus nomades se rassemblaient sur leurs parcours habituels, les fractions se reconstituaient, toutes les populations indigènes obéissaient à l'autorité française.

Le 28 septembre une rixe, dont la cause n'est pas exactement connue, éclata entre les goumiers de soffs opposés des Adaoura réunis au sud de Sidi-Aïssa sous le commandement de M. le sous-lieutenant El Isseri.

Le fils aîné du caïd des caïds Zouaoui ben Messaoud

---

(1) Après l'insurrection fut apporté au bordj des Beni-Mansour un canon trouvé en la possession des indigènes et que l'on dit provenir de la malheureuse expédition du duc de Beaufort à Djidjelli en 1664.

Ce canon, d'une longueur de 1m30 environ, porte l'inscription suivante :

ANNO DEI 1635
DEVS ME JVVET

Après être resté au bordj des Beni-Mansour de 1871 à 1881 il a été déposé au musée d'artillerie à Alger.

El Amri (1) fut grièvement blessé d'un coup de feu tiré par Lakhdar ben Mohammed ben Kouïder, tandis que Bouziani ben Mohammed ben Kouïder, frère du précédent, était tué raide d'un coup de pistolet par Taïeb ben Zouaoui. Le même Taïeb avait blessé Lakhdar ben Kouïder à l'épaule d'un coup de sabre.

Dans la division de Constantine plusieurs colonnes, notamment les colonnes Saussier, Thibaudin et de La Croix, opéraient contre les insurgés et, après des marches concentriques et des combats journaliers, remportaient du 8 au 11 octobre, autour du djebel Bou-Taleb et dans l'intérieur de ce massif montagneux, des succès décisifs.

Parmi ces combats vigoureux, le principal fut livré à Guebeur-Sloughi par le général Saussier : il mit fin à l'insurrection (2).

Dès le 11 les Oulad-Ali-ben-Daoud et Oulad-Sidi-Hadjerès faisaient leur soumission ; peu après les Ahl-el-Sebkha des Beni-Mansour imitaient leur exemple et à la fin d'octobre la subdivision d'Aumale était entièrement pacifiée.

Le 24 octobre la subdivision d'Aumale, supprimée, devint cercle d'Aumale dépendant directement de la division d'Alger.

Aucun fait remarquable ne signala la fin de l'année 1871 ; l'administration reprit sa marche régulière, elle favorisa le développement des travaux agricoles et s'appliqua enfin à faire disparaître la trace des maux sans nombre causés par l'insurrection. Le commande-

---

(1) El Amri survécut à sa blessure et mourut plus tard mordu, dit-on, par un chien enragé.

(2) Bou Mezrag, dont la zmala avait été prise au combat de Guebeur-Sloughi, s'enfuit dans le Sud ; mais il fut pris à Ouargla et traduit devant le conseil de guerre. Il a été condamné à être déporté à la Nouvelle-Calédonie où il est encore. Les Arabes de la subdivision d'Aumale appellent l'année de l'insurrection (1871) « Année de Bou Mezrag. »

ment acheta pour 20,000 fr. de grains de semence destinés aux tribus sahariennes que la guerre avait ruinées.

On réorganisa le commandement des tribus : aux Adaoura-Cheraga, l'ancien caïd El-Amri ben Youcef ben El-Guir remplaça, le 28 octobre, Mohammed Oulid El-Bey bou Mezrag, nommé aux Senhadja ; Zouaoui conserva le commandement des Gheraba avec le titre de caïd des caïds.

Aux Oulad-Sidi-Hadjerès, l'ex-caïd des Oulad-M'sellem, El-Haddad ben Gueliel, remplaça, le 14 décembre, le caïd insurgé El-Amri ben El-Amri.

El Haddad avait été lui-même remplacé aux Oulad-M'sellem par un certain Salem ben bou Rahla, qui avait servi comme chaouch à la colonne Lallemant.

Aux Oulad-Ali-ben-Daoud, Bou Ras ben Abdallah remplaça, le 27 novembre, le caïd insurgé Ali ben Tounsi.

Les derniers mois de l'année furent employés au désarmement des insurgés et au recouvrement des impositions de guerre. Ces opérations s'effectuèrent progressivement et sans difficulté ; la population arabe maltraitée par la guerre avait soif d'ordre et de paix et facilitait, par son attitude et son bon vouloir, les travaux du commandement.

Le total de l'impôt de guerre pour le cercle d'Aumale et l'annexe de Beni-Mansour fut de 2,080,389 francs.

1872. — Depuis l'année 1872, la paix n'a pas été troublée dans la subdivision d'Aumale ; aucun fait réellement important, au point de vue historique, ne s'y est produit ; d'autre part, plus on approche de l'époque contemporaine, plus il convient de se montrer réservé dans l'appréciation des événements et des hommes qui y ont pris part. Nous nous bornerons donc à énumérer les différentes modifications administratives apportées à l'organisation de la région d'Aumale, et qui ont eu pour résultat de réduire à sept le nombre des tribus laissées sous le commandement militaire.

Dès la fin de 1871, le séquestre (1) avait été appliqué aux collectivités indigènes insurgées et à de nombreux personnages connus pour avoir joué un rôle prépondérant dans la révolte. La liquidation du séquestre, tant collectif que nominatif, donna lieu à la création de commissions multiples, composées d'officiers des affaires indigènes, d'agents du domaine et de géomètres du service topographique.

Par arrêté du 12 avril 1872, les tribus des Beni-Abbès et Beni-Mellikeuch, accidentellement annexées à la commune subdivisionnaire d'Aumale (annexe de Beni-Mansour), furent distraites de cette commune pour être rattachées à la circonscription cantonale d'Akbou (2).

1873. — Le caravansérail de l'Oued-Okris, brûlé en 1871 par les insurgés, fut reconstruit avec des fonds prélevés sur les tribus coupables de l'incendie : Oulad-Salem, Oulad-M'sellem, Beni-Inthacen.

---

(1) On sait qu'il y eut deux sortes de séquestre :

1º Le séquestre nominatif, appliqué à tous les biens des notabilités qui avaient joué un rôle prépondérant dans l'insurrection. Cette mesure devait avoir pour conséquence la ruine absolue du séquestré.

2º Le séquestre collectif, appliqué à l'ensemble des tribus ou fractions, et qui se réduisait à une cession de territoire à la colonisation et au paiement d'une soulte pour rachat de séquestre. Au moyen de cette soulte, les séquestrés pouvaient rentrer en possession d'une partie de leurs terres. Dans certaines tribus où il n'y avait point de terres à livrer à la colonisation, tous les biens furent rachetés par la population ou vendus plus tard par le Domaine. La liquidation des opérations du séquestre n'a été terminée complètement que vers 1884. Le Domaine vend encore, de temps à autre, des biens séquestrés non rachetés. Une de ces ventes a eu lieu, en 1885, au caravansérail de Sidi-Aïssa.

(2) Les circonscriptions cantonales instituées par M. l'amiral de Gueydon, par arrêté du 24 novembre 1871, étaient, dans l'esprit du Gouverneur général, de futures communes de plein exercice.

C'est à cette époque que furent mises en usage les appellations de districts, arrondissements-cercles, correspondants aux cercles anciens.

Les gourbis de Tala-Rana, dans la montagne au nord de Beni-Mansour, furent également relevés.

Le génie construisit un pont sur l'Oued-Berdi et plusieurs ponceaux sur la route d'Aumale à Sétif.

Les récoltes de l'année furent belles ; les tribus qui s'étaient insurgées n'en étaient pas moins en proie à une grande misère, conséquence de la guerre, des amendes et du séquestre.

Le 10 juin, le général Chanzy remplaça au gouvernement général le vice-amiral de Gueydon.

1874. — Par arrêté du gouverneur général, en date du 19 février 1874, la partie occidentale du cercle de Bou-Saâda, comprenant la presque totalité de ce cercle, fut rattaché au cercle d'Aumale qui prit, dès lors, le nom de circonscription militaire d'Aumale.

Par arrêté du 19 mai, les circonscriptions judiciaires du cercle d'Aumale furent réduites à sept, savoir :

22e El-Betham ;
23e Dechmïa ;
24e Adaoura ;
25e Oulad-Sidi-Aïssa ;
26e Oued-Okris ;
27e Bel-Kherroub ;
28e Bouïra.

Mais par arrêté du 28 juillet, cette dernière circonscription fut placée dans l'arrondissement de Tizi-Ouzou.

Par arrêté du 3 décembre 1874 la 22e circonscription, El-Betham, est supprimée ; son territoire est réparti entre la mahakma d'Aumale (5e) et la mahakma de Dechmïa (23e).

A la date du 24 septembre 1874 le centre nouvellement créé de Bouïra devint le chef-lieu d'une commune mixte militaire comprenant les douars-communes des Oulad-Bellil, Sidi-Zouïka, Sidi-Khalifa, Aïn-Tiziret.

Enfin, l'arrêté du 13 novembre 1874 supprima, à dater

du 1er janvier 1875, les communes subdivisionnaires ; ainsi furent créées les communes indigènes d'Aumale et de Bou-Saâda (1).

C'est en 1874 que fut placée, dans l'Oued-Soufflat, à Koudiat-el-Mesdour, douar Ouled-Sidi-Salem, non loin du bordj de Bel-Kherroub, par les soins du lieutenant-colonel Trumelet, commandant à Aumale, la pierre commémorative de la mort du bach-agha insurgé Mokrani.

Le génie construisit, en 1874, le pont de l'Oued-Chib sur la route d'Aumale à Bou-Saâda et une mahakma sur le marché d'Aïn-Bessem.

1875. — Le 13 mars 1875, un décret du Président de la République érigea la circonscription militaire d'Aumale en subdivision d'Aumale, comprenant les cercles d'Aumale et de Bou-Saâda et l'annexe de Beni-Mansour.

1876. — C'est pendant l'année 1876 que fut créé le centre d'Aïn-Bessem à 22 kilomètres au nord d'Aumale, sur la route de Bouïra.

Au mois d'avril la révolte du marabout Mohammed ben Aïech, des Bou-Azid, motiva le départ d'Aumale d'une petite colonne commandée par le général de Vaisse Roquebrune.

Cette colonne se dirigea par Sidi-Aïssa vers les Ziban (division de Constantine) et prit part aux opérations contre l'oasis d'El-Amri.

On constata à cette époque une certaine inquiétude et des velléités d'insoumission dans les tribus du Sud, mais la tranquillité générale n'en fut pas troublée et tout rentra dans l'ordre après la prise d'El-Amri.

En 1876 furent construites les mahakma de Sidi-Aïssa

---

(1) La commune mixte de Bou-Saâda a été créée le 6 mai 1868. Les communes subdivisionnaires ont été instituées par l'arrêté du 20 mai 1868, lequel arrêté a abrogé le décret du 27 décembre 1866 sur l'organisation communale.

et des Ouled-Sidi-Salem, ainsi que l'écurie du maghzen du bureau arabe d'Aumale.

1877. — Dans l'annexe de Béni-Mansour le grand kaidat des Beni-Yala, précédemment supprimé, fut rétabli.

Les opérations territoriales auxquelles donna lieu la création du village d'Aïn-Bessem eurent pour conséquence le rattachement au douar Oued-Berdi du cercle d'Aumale, de quelques parcelles des Beni-Yala de l'annexe de Beni-Mansour.

A la date du 8 décembre le gouverneur général décida la suppression du douar Aïn-Bessem, dont le territoire était en grande partie affecté à la colonisation.

1878. — En 1878, l'organisation de la subdivision d'Aumale ne fut point modifiée.

Les récoltes des années précédentes ayant manqué, les tribus ressentirent les atteintes de la misère et le commandement dut prendre des mesures pour leur venir en aide.

Une somme de 1,000 francs fut distribuée aux plus nécessiteux.

Les nomades du Sud furent autorisés à s'installer dans les Arib pour fuir la sécheresse qui désolait leur pays.

La caisse communale fit aux cultivateurs, à titre d'avance pour achat de grains de semence un prêt de 40,000 francs.

Enfin, les djemâa de plusieurs tribus contractèrent au Crédit foncier un emprunt de 150,000 francs garanti par les biens communaux et remboursable en cinq annuités.

C'est en 1878 que furent construits les cafés-postes de Sour-Djouab dans la tribu de ce nom et d'Aïn-Zemra dans les Oulad-Solthan.

1879. — En 1879 le territoire militaire de la subdivision diminue dans des proportions notables.

Par arrêté du 17 avril 1879, le centre d'Aïn-Bessem est constitué en commune mixte civile composée des douars et tribus, ci-après désignés, distraits du cercle d'Aumale (1):

Aïn-Tiziret, Sidi-Khalifa, Sidi-Zouïka, Oued-el-Berdi, Aïn-Hazem, Koudiat-El-Amera, Metennan, Ouled-Selim, Oulad-Sidi-Salem.

Par décret du 9 avril, la commune mixte militaire de Bouïra fut distraite du territoire de commandement et érigée en commune de plein exercice.

L'agha de Bouïra, Si Bouzid ben Ahmed, étant mort, l'aghalik fut supprimé à la date du 14 octobre.

Le 10 octobre l'organisation des Adaoura fut remaniée.

En 1875, Zouaoui ben Messaoud, ayant donné sa démission de caïd des caïds, avait eu pour successeur le capitaine de spahis Abdelkader Oulid Belkassem. Mais ce dernier étant mort en 1876, les Adaoura furent administrés par deux caïds indépendants.

Le 10 octobre 1879, l'emploi de caïd des caïds fut rétabli en faveur de M. Ahmed ben Abdelkader, lieutenant de spahis, ancien porte-fanion du général Yusuf.

Dans l'annexe de Beni-Mansour, le caïd des caïds des Beni-Yala étant mort, son emploi fut supprimé.

L'organisation judiciaire subit les modifications suivantes :

A la date du 27 avril, à la suite de la création d'une justice de paix à Bouïra, la 28me circonscription judiciaire (Bouïra) fut supprimée. Le cadi devint cadi-notaire.

Le ressort de la justice de paix de Bouïra comprit : l'annexe de Beni-Mansour, les douars de Sidi-Zouïka, Sidi-Khalifa, Aïn-Tiziret, Oued-Berdi, Oulad-Bellil et les tribus Oulad-el-Aziz, Merkalla et Beni-Meddour.

A la date du 16 juillet, les Oulad-Driss furent détachés

---

(1) Le premier administrateur d'Aïn-Bessem fut M. Hugues, antérieurement adjoint-civil près le général commandant la subdivision d'Aumale.

de la 23me circonscription (Dechmya) pour être placés dans la 26me Oued-Okris.

C'est à partir de l'année 1879 que le génie cessa d'être chargé des travaux des communes indigènes.

1880. — Par arrêté du 1ᵉʳ décembre 1880, l'annexe de Beni-Mansour fut distraite à partir du 1ᵉʳ janvier 1881 du territoire de commandement de la division d'Alger et réunie au territoire civil du département d'Alger pour y former une commune mixte dite de Beni-Mansour (1).

A la même date, les Ouled-Bellil et Oulad-el-Aziz furent rattachés à la commune mixte d'Aïn-Bessem.

En outre 14 tribus du cercle d'Aumale, Oulad-Driss, Oulad-Farha, Oulad-Barka, Oulad-Mériem, Oulad-Si-Moussa, Djouab, Oulad-Bou-Arif, Douar-Ridan, Oulad-Salem, Oulad-Selama, Beni-Inthacen, Oulad-Solthan, Oulad-Zenim, Oulad-Thaân, furent distraites du territoire de commandement et formèrent une commune mixte dite d'Aumale (1).

Ces importantes modifications administratives furent la conséquence de la nomination au gouvernement général de M. Albert Grévy, frère du Président de la République.

Le 20 janvier 1880, la 27ᵉ circonscription judiciaire (Bel-Kherroub) fut réunie à la 5ᵉ (Aumale).

1881. — L'arrêté du 15 mars 1881 modifia encore l'organisation judiciaire musulmane ; les anciennes circonscriptions 23ᵉ (Dechmïa) 26ᵉ (Oued-Okris) disparurent et se fondirent dans la 5ᵉ circonscription (Aumale).

Dans le territoire militaire l'ancienne 24ᵉ circonscriptions (Adaoura) devint la 20ᵉ, tandis que l'ancienne 25ᵉ (Sidi-Aïssa) prenait le n° 21.

---

(1) Le premier administrateur de la commune mixte de Beni-Mansour fut M. Fidelle, celui de la commune mixte d'Aumale fut M. Choisnet.

Le caïd des caïds des Adaoura, Ahmed ben Abdelkader, ayant donné sa démission, fut remplacé le 10 janvier 1881 par deux caïds indépendants qui commandent encore aujourd'hui ces tribus.

1882-1883. — Pendant les années 1882 et 1883 il n'a été apporté aucune modification à l'organisation de la subdivision d'Aumale.

1884. — Par arrêté du 25 novembre 1884, la 21e circonscription judiciaire (Sidi-Aïssa) fut supprimée et devint une annexe de la 20e circonscription (Adaoura). La mahakma annexe de Sidi-Aïssa a à sa tête un bach-adel faisant fonctions de cadi.

1885. — Par arrêté du 28 décembre 1885, les deux tribus des Oulad-M'sellem et Oulad-Si-Amor furent distraites du territoire de commandement pour être réunies à la commune mixte d'Aumale.

Ainsi, à la date du 1er janvier 1886, le cercle militaire d'Aumale resta constitué par les sept tribus dont les noms suivent :

    Adaoura Gheraba,
    Adaoura Cheraga,
    Oulad-Sidi-Aïssa,
    Sellamat,
    Oulad-Sidi-Hadjerès,
    Oulad-Abdallah,
    Oulad-Ali-ben-Daoud.

1887. — Enfin, par décret du 3 juillet 1887, la subdivision d'Aumale a été de nouveau supprimée, et par arrêté du Gouverneur général de l'Algérie, en date du 5 juillet, les sept tribus qui constituaient le cercle d'Aumale ont été réunies au cercle de Bou-Saâda, pour y former une annexe, dont le chef-lieu est au caravansérail de Sidi-Aïssa.

Le cercle de Bou-Saâda et l'annexe de Sidi-Aïssa ont été rattachés à la subdivision de Médéa.

C'est ainsi qu'en 1887, après quarante ans d'existence, l'administration militaire a cessé d'être représentée à Aumale.

APPENDICE

NOTE I (1)

La publication du récit de la mort de Bou Barla tiré de l'ouvrage de M. le commandant Robin nous a valu une intéressante communication de M. Lagler-Parquet, ingénieur civil à Bordeaux, bien connu des lecteurs de la *Revue Africaine* par ses travaux sur l'épigraphie latine.

M. L. Parquet se trouvait en Kabylie au moment où Bou Barla fut tué ; il a recueilli sur le théâtre même de l'action des renseignements précis que nous nous faisons un devoir de publier avec son autorisation. Le lecteur aura ainsi toute facilité pour apprécier la valeur historique des différentes versions auxquelles a donné lieu la mort du chérif des Kabyles et se faire une opinion sur les circonstances qui ont accompagné cet événement.

« Bordeaux, 11 août 1890.

« . . . .

» En octobre 1854, un géomètre du service topogra-
» phique signala des erreurs sur un certain nombre de
» points trigonométriques situés à l'est du col de Chel-
» lata. Le gouverneur général (maréchal Randon)

---

(1) Voir pages 61, 62 et 63.

» ordonna la révision des points géodésiques contestés ;
» sur quoi M. Dhormois, capitaine du génie, et moi, nous
» dûmes faire une visite à une demi-douzaine de som-
» mets sur les deux rives de l'Oued-Sahel.

» Nous quittâmes Sétif le samedi, 30 décembre 1854 ;
» notre première étape fut Aïn-Roua. — Le 5 janvier
» suivant nous arrivâmes à midi à Akbou. Le même
» jour au soir une dépêche apportée par un cavalier
» indigène vint rappeler M. Dhormois, toute affaire
» cessante, à Sétif, où il devait remplacer un officier de
» son grade parti pour la Crimée. Quant à moi, je devais
» terminer avec les sapeurs-conducteurs du capitaine
» la revision commencée. A la maison de ben Ali Chérif
» je trouvai le caïd Lakhdar ben Mokrani qui chercha à
» me détourner de mon itinéraire en amont de la vallée
» de l'oued Sahel : « *El Kbaïl ma men houm chi naraf*
» *qbahhtouhoum* (1) » me disait-il. Déjà très au courant
» des mœurs indigènes et n'ayant aucune raison de
» partager les appréhensions du Kaïd, j'acceptai cepen-
» dant l'offre d'un renfort d'escorte de deux mokraznis
» dont je retrouve encore les noms sur mon carnet
» trigonométrique de l'époque : Amechkan Lemdani et
» Erdjem ben Ali.

» Le lendemain, 6 janvier, un dimanche, j'allai planter
» ma tente sur un petit plateau au Nord-Est, sous le
» bordj Tazmalt. A peine fus-je revenu de la station
» trigonométrique secondaire de Talefsa, (j'eus juste le
» temps d'abriter mon théodolite) qu'un brouhaha indes-
» criptible parmi les cavaliers du goum m'apprit qu'il y
» avait du nouveau. — Edjem ben Ali arrive tout essoufflé
» et me dit : « Galou Bou Barla djat fi tahht el oued ma
» alfin el assaker (2). » (Ceci était une exagération, il
» était, comme le dit très bien le commandant Robin,

---

(1) Les kabyles sont mauvais, je connais leur méchanceté.

(2) On dit que Bou Barla est venu dans le bas de la rivière avec deux mille soldats.

» accompagné de 2 cavaliers et de 50 à 60 Beni-Mellikeuch
» dont la moitié seulement avait des armes à feu). Je
» fais immédiatement rentrer mon matériel au bordj où
» je laisse le sapeur Moubabu avec mon spahi de l'esca-
» dron de Sétif (Saad ben Debech), après quoi je monte à
» cheval avec mes deux goumiers pour me joindre au
» peloton du Kaïd, lequel prit la direction de Souk-el-
» Khamis, tandis que son frère devait battre le bord de
» l'Ighzer-Tazouch, petit affluent de gauche de l'oued
» Sahel. — Quand nous arrivons dans la plaine, un cava-
» lier vient prévenir Si Lakhdar ben Mokrani que son
» frère est sur la piste du Chérif du côté de Tablast.
» Nous nous dirigeons aussitôt de ce côté là, où nous
» rencontrons les hommes de Bou Mezrag avec le cheval
» couvert de boue de Bou Barla. Ce cheval s'était abattu ;
» mais le cavalier avait été emporté par des Beni-
» Mellikeuch qui prirent à travers les broussailles un
» chemin par lequel les cavaliers ne pouvaient les
» suivre. — La plaine de Tablast était en effet couverte
» de flaques d'eau; mais celles-ci ne provenaient pas
» d'irrigations (en décembre on n'a que rarement
» besoin d'irriguer sur les bords de l'Oued-Sahel et
» l'hiver 1854-1855 était très pluvieux) mais bien de
» récentes pluies. Le sol détrempé eût été du reste
» un obstacle, aussi bien pour les poursuivants que pour
» le poursuivi. Ce qui a fait choir le cheval de l'agitateur
» était la longueur invraisemblable de ses pieds de
» devant sillonnés, tout autour, de seimes purulentes.
» Je n'avais jamais vu pied pareil à un cheval vivant.
» Quand Bou Barla s'est vu serré de près sur le chemin
» du marché des Beni-Mellikeuch, il se jeta à travers
» champ ; mais là, son djouad n'étant déjà pas trop
» d'aplomb sur le chemin passable, buttait à chaque
» instant et finit par s'abattre sous son cavalier, lequel,
» blessé par la chute fut emporté par un groupe de
» Beni-Mellikeuch à la « Tazekka » d'un certain Moham-
» med el Ounès. Le kaïd Lakhdar et ses cavaliers ne

» rentrèrent pas ce soir-là à Tazmalt où je revins seul
» avec Saad ben Debech ayant laissé Amechkan et
» Erdjem à Bou-Mezrag. La diffa, apportée par des
» Beni-Abbès d'El-Guendouz, nous attendait au bordj :
» je n'ai pu déterminer nos hôtes à la porter au kaïd ; ils
» me répondaient invariablement : « Nous l'attendrons
» ici ». Comme dans ces moments de troubles il y a
» toujours quelque chose à grapiller et à razer, Saad
» ben Debech me demanda le lendemain, 7 janvier
» (lundi) à rejoindre le caïd Lakhdar, lequel pendant la
» nuit s'était fait porter la diffa à l'Oued-Souk-el-Kha-
» mes. (Je lui donnai cette permission, surtout pour
» avoir un moyen d'information de plus. Saad ben
» Debech étant eulmi, je lui supposais une indifférence
» pour les Kabyles qui était peut-être plus apparente
» que réelle). Si Lakhdar ben Mokrani et ses hommes ne
» revinrent à Tazmalt que le 8 dans la matinée. Je me
» trouvais à ce moment avec mon théodolite à la station
» géodésique de Tergrount. Ce point n'étant situé qu'à
» 800 mètres de la route muletière de Tazmalt à Bordj-
» Medjana, par laquelle devait passer le caïd, d'après ce
» que Saad ben Debech vint me dire (lequel avait assisté
» à la capture du chérif), je recommandai à ce spahi
» d'aller se poster au col de Tizi-Zana et de m'avertir de
» la venue du kaïd et de son goum. Le sapeur Monbabu
» transportait pendant ce temps notre campement à
» Teniet-Khamis. Un froid très vif et clair avait succédé
» au temps humide de la veille : la terre gelée craquait
» sous nos pas. Ma station était finie et j'allais descen-
» dre le chemin où des gens d'El-Kala m'attendaient
» avec la diffa quand enfin arriva le goum des Beni-
» Abbès. Lakhdar ben Mokrani était rayonnant. Un de
» ses cavaliers portait la tête de Bou Barla accrochée au
» bout du canon de son fusil ; d'autres avaient ses effets
» et ses armes. L'agitateur avait des partisans même
» parmi les Beni-Abbès ; je me rappellerai toujours l'ex-
» clamation d'un vieux fanatique du village de Chouari :

« Ben Mokrani a fait plaisir aux chrétiens et aux dé-
» mons (el-djenoun) pour s'enrichir (?) mais, s'il craignait
» Dieu, il n'aurait pas tué le chérif, un croyant!» Cependant
» le plus grand nombre des indigènes que j'ai entendus
» commenter la prise de l'agitateur se consolaient par
» le fait que c'était un nègre (oussif), ce qui était du reste
» parfaitement exagéré, attendu que la tête que j'ai vue,
» le 8 janvier au matin à Tizi-Zana, et le 13 du même
» mois à Sétif, était celle d'un mulâtre et non pas celle
» d'un nègre. Maintenant voici, d'après le récit de Saâd
» ben Debech, ce que j'ai alors inscrit sur mon carnet au
» sujet de ce qui s'était passé après que Bou Barla avait
» été enlevé par les Beni-Mellikeuch. Je dois ajouter que
» le dire de mon cavalier devant me servir de base pour
» la rédaction de mon rapport au chef du génie à Sétif,
» je l'ai contrôlé par tous les moyens en mon pouvoir et
» notamment par le témoignage d'un charbonnier maro-
» cain (Houssein El Sataouni) de passage, qui fut spec-
» tateur involontaire de l'événement. Les hommes qui
» portaient Bou Barla, lequel, en tombant de cheval
» s'était cassé la jambe droite, voulaient d'abord se
» diriger sur Taralat, mais l'état du blessé leur fit préférer
» de le déposer dans l'habitation d'un nommé Moham-
» med El Ounès. Ici surgissent deux versions : d'après
» le charbonnier marocain, El Ounès se serait rendu
» auprès du caïd Lakhdar pour lui offrir la capture de
» Bou Barla moyennant finance; Saâd ben Debech, au
» contraire, m'a assuré que Mohammed El Ounès s'était
» absenté seulement quand il vit arriver les cavaliers
» des Beni-Abbès pour ne pas être présent lors de la
» capture d'un hôte (dhif) de son foyer. Je regrette
» sincèrement de ne pouvoir partager l'avis de mon
» cavalier, attendu que Mohammed El Ounès non seule-
» ment fit partie du cortège de Si Lakhdar, mais, indice
» plus grave, on le vit le 13 janvier au marché de Sétif,
» faire de copieuses emplettes, alors qu'au su de toute la
» déchera, c'était un pauvre diable sans sou ni maille.

» Quoiqu'il en fût, le chérif, se voyant atteint, demanda
» la vie sauve, disant aux Beni-Abbès qu'ils auraient
» plus de gloire à le prendre vivant que mort. Si Lakhdar
» ben Mokrani lui-même m'a dit alors qu'il aurait pré-
» féré livrer le chérif vivant, mais qu'étant arrivé trop
» tard pour le sauver il dut se contenter du cadavre.

» A ce propos, je dois dire aussi que la tête de Bou
» Barla avait été plutôt sciée que coupée, soit que Der-
» radj se fût servi d'une lame ébréchée, soit que l'émo-
» tion eût trop agité sa main.

» En résumé, voici les points qui seraient à modifier
» au récit du commandant Robin :

» 1° La date du 26 décembre 1854, qui paraît être réelle-
» ment celle d'un coup de main des Beni-Mellikeuch sur
» des gens des Beni-Abbès, mais qui, bien certainement
» n'est pas celle de la prise du chérif ;

» 2° Substitution à cette date de celle du 6 janvier
» 1855 ;

» 3° L'impossibilité d'avancer pour Bou Barla lors de
» sa fuite à travers champs ne venait pas du terrain
» détrempé par l'irrigation, mais bien de la longueur
» démesurée des sabots de son cheval qui ne pouvait
» marcher sans butter ;

» 4° Bou Barla s'est blessé en tombant de son cheval
» et a été emporté par les Beni-Mellikeuch dont l'un avait
» tiré sur Lakhdar ben Derradj, le blessant à la jambe ;

» 5° Enfin, Bou Barla a été tué dans une maison kabyle
» et non en rase campagne ;

» 6° Sa tête, son cheval, ses armes, ses vêtements et
» son cachet ont été exposés non seulement au marché
» de Bordj-bou-Aréridj, mais aussi à celui, beaucoup plus
» important (El-Had), de Sétif, le 13 janvier suivant. Là
» aussi, pas mal de croyants se consolaient de sa perte
» en voyant que c'était un mulâtre.

» Plusieurs années après, le général de Neveu, com-
» mandant la subdivision de Dellys, à l'occasion d'une
» conversation de table, me parla de cette affaire à pro-
» pos de laquelle M. Lenoble, lieutenant de spahis, déta-
» ché au bureau arabe de Sétif, avait été chargé par M.
» Delettre de faire une enquête. Le résultat de cette
» enquête était consigné dans un rapport inséré au
» *Moniteur algérien* et au *Mobacher*, alors les deux
» organes officiels de la colonie. En lisant le récit de
» M. le commandant Robin je retrouve les termes du
» rapport du lieutenant Lenoble. M. de Neveu, qui était
» très au courant des mœurs kabyles, ne me cacha pas
» qu'il penchait fortement pour la version de Si El-Djoudi.
» Quand je lui eus fait part de mon rôle occasionnel
» dans l'affaire, il me dit comme conclusion : La vraie
» vérité est entre les deux, c'est-à-dire entre le récit de
» Si Lakkdar et celui de Si El-Djoudi . . . .
. . . .

» En terminant, je dois ajouter que M. de Neveu m'a
» expliqué la nécessité politique pour le commandant de
» la subdivision de Sétif de ne pas amoindrir le rôle
» joué par Si Lakhdar ben Mokrani, le prestige de ce
» chef étant d'autant plus important qu'alors les tribus
» kabyles du Djurdjura étaient constamment travaillées
» par les Beni-Mellikeuch . . . .
. . . .

» L. PARQUET. »

NOTE II (1)

Le détail des opérations de la colonne Trumelet dans le cercle de Bou Saâda n'entrant pas dans le cadre restreint que nous nous sommes fixé, nous avons dû nous borner à en donner un exposé très succinct ; mais le commandant même de la colonne ayant eu l'obligeance de nous communiquer le récit complet de son expédition, nous sommes heureux de faire profiter les lecteurs de la *Revue* de cette bonne fortune et nous souhaitons que M. le colonel Trumelet voie dans cette publication une nouvelle preuve de notre respectueuse gratitude.

« La colonne levait son camp d'El-Grimidi, au pied du
» versant nord du Djebel-En-Naga, le 5 août. En raison
» de l'extrême élévation de la température (60° centigra-
» des) et de la qualité des troupes — jeunes et non accli-
» matées — composant le bataillon du 50e d'infanterie,
» le lieutenant-colonel commandant la colonne est
» obligé de scinder en six étapes les trois marches qui
» séparent Sidi-Aïça de Bou-Saâda. La colonne bivoua-
» quait successivement à El-Anseur-Ferhat, à Oudeï-el-
» Hadjel, sur l'Ouad-el-Garsa et à Aïn-Khermam.

» A deux heures de l'après-midi, le 8 août, le lieute-
» nant-colonel constitue une colonne légère (l'infanterie
» à dos de mulets) et escalade les pentes escarpées du
» Djebel-Sallat, pour aller chercher la soumission de la
» fraction religieuse des Oulad-Sidi-Rabah, laquelle
» habite le ksar de Bennezouh, village perché au som-
» met du Sallat et distant de 15 kilomètres du camp
» d'Aïn-Kermam. Ces marabouts rebelles, qui n'avaient
» jamais été visités par une colonne française et qui
» n'avaient point prévu notre apparition sur leurs som-
» mets, n'avaient point préparé la résistance. Le colonel
» donne l'ordre au cheikh de rassembler sans retard sa

---

(1) Voir pages 176 *(in fine)* et 177.

» djemâa. Après avoir reproché sévèrement à cette
» assemblée d'avoir pactisé avec les rebelles, il lui
» ordonnait de réunir toutes les armes existant dans le
» ksar et de venir les déposer devant lui. Le colonel lui
» recommandait surtout de ne point en oublier s'ils ne
» voulaient qu'il chargeât les chasseurs d'Afrique de
» faire eux-mêmes les perquisitions dans leurs demeu-
» res. Cette menace décide la djemâa à faire la chose en
» conscience, et, au bout de quelques instants, des
» armes de toute nature, de tous les modèles et de tous
» les temps venaient s'amonceler aux pieds du colonel.
» Il signifiait au cheikh Kouider-ben-Ahmed et aux
» membres de la djemâa (sorte de conseil communal)
» qu'ils étaient ses prisonniers.

» Cette opération terminée la colonne légère regagnait
» son camp d'Aïn-Khermam, où elle rentre à 9 heures
» du soir.

» Le lendemain 9, la colonne se dirigeait sur Ed-Dis,
» ksar dont la population de marabouts avait pris une
» large part à l'insurrection et à l'attaque de Bou-Saâda.
» C'était sur ce point que Saïd ben Bou Daoud, le chef des
» rebelles dans le Hodhna, avait établi ses bandes, et
» que, depuis six mois, il investissait Bou-Saâda, qu'il
» attaqua à plusieurs reprises, mais sans succès.

» A l'approche du colonel Trumelet et bien qu'il l'eût
» menacé de l'attendre sur la route pour le combattre,
» Saïd ben Bou Daoud s'était enfui en toute hâte dans le
» Sud-Est et ses contingents s'étaient dispersés.

» La population d'Ed-Dis avait également abandonné
» le ksar à l'approche de la colonne ; une partie s'était
» dirigée dans l'Est, une autre avait cherché un refuge
» dans le djebel El-Birech, montagne rocheuse et escar-
» pée dominant le ksar à l'Ouest. Le commandant de la
» colonne décidait qu'un détachement de 150 hommes,
» pris dans les zouaves et les tirailleurs algériens, fouil-
» lerait la montagne et donnerait la chasse aux rebelles,
» qui, dans la conviction que ces hauteurs rocheuses

» étaient inaccessibles à nos soldats, s'y croyaient en
» pleine sécurité.

» Zouaves et tirailleurs escaladèrent les pentes rocheu-
» ses et abruptes du Birech avec un remarquable élan,
» et sans répondre au feu des rebelles embusqués dans
» les anfractuosités ou derrière les rochers. Les insur-
» gés étaient successivement délogés de leurs retraites
» et traqués vigoureusement dans la montagne. Après
» une chasse de trois heures, l'ennemi disparaissait en
» laissant douze cadavres entre nos mains, ainsi qu'un
» butin considérable.

» Le colonel livrait ensuite le ksar aux flammes et
» employait la mine pour faire sauter les constructions
» sur lesquelles le feu aurait été sans effet. Il ménageait
» cependant les maisons des gens d'Ed-Dis qui s'étaient
» réfugiés à Bou-Sâada dès le commencement de l'inves-
» tissement et y plaçait des sauvegardes pour assurer
» leur protection ; il donnait également des ordres sévè-
» res pour qu'on respectât la mosquée, laquelle renfer-
» mait les tombeaux de la famille de Sid Sakri ben Bou
» Dhiaf, caïd des Souama, lequel nous était resté fidèle.

» Le soir même de ce jour le cheikh de la fraction
» d'Ed-Dis, Sid Rahmoun ben Es Snouci, apportait au
» colonel sa soumission et ses armes. Le commandant
» de la colonne lui ordonnait en même temps de lui
» amener sa djemâa qu'il retenait prisonnière.

» Les jardins d'Ed-Dis et ses palmiers avaient été res-
» pectés.

» Le lendemain, 10 août, la colonne arrivait à six
» heures et demie du matin devant les jardins de pal-
» miers-dattiers de Bou-Sâada. Sa nombreuse popula-
» tion indigène, dont le chiffre total s'élève à 4,000
» individus, attendait la colonne en dehors de ses murs
» et la saluait à son passage de ses acclamations, de ses
» souhaits de bienvenue et de sa « tharaka » (1) ; elle rece-

---

(1) « Fusillade plus ou moins à blanc — et ce fut à ce point que

» vait, en un mot, le colonel comme un libérateur. Pen-
» dant une heure la poudre mêla frénétiquement sa voix
» stridente aux cris de la foule et aux aigus « toulouïl »
» des femmes indigènes. C'était une joie bruyante,
» débordante, excessive, qui donnait la preuve de la
» frayeur qu'avait fait éprouver à cette population la
» présence de Ben Daoud autour des murailles du ksar
» et ses attaques renouvelées.

» Le quartier haut de Bou-Saâda, dont la conduite
» avait été fort équivoque avant l'arrivée de la colonne,
» montrait aujourd'hui un enthousiasme exubérant, té-
» moignant qu'il avait beaucoup à se faire pardonner.
» S'il fallait en croire ces Bou-Saâdiens, nous n'avions
» pas de serviteurs plus dévoués. Quoi qu'il en soit de
» la fidélité actuelle des indigènes de ce quartier, le
» colonel donna l'ordre d'arrêter et d'incarcérer les gens
» qui lui avaient été signalés comme les principaux
» meneurs ou qui s'étaient le plus compromis.

» Les prisonniers et otages qu'avait amenés de Benne-
» zouh et d'Ed-Dis le colonel Trumelet furent mis en lieu
» sûr, en attendant la décision de l'autorité locale, car
» Bou-Saâda relevait alors de la subdivision de Séthif et
» de la province de Constantine.

» Bou-Sâada ayant été délivré de ses ennemis et réap-
» provisionné pour trois mois, la sécurité, la paix et les
» communications ayant été rétablies dans le ksar et
» entre Bou-Saâda et Aumale, la mission de la colonne
» étant, en un mot, terminée de la façon la plus heu-
» reuse, en raison surtout des conditions de tempéra-
» ture et de la qualité des troupes composant la colonne,
» le colonel, après avoir séjourné à Bou-Saâda pendant
» quatre jours, reprit, le 15 avril, la direction d'Aumale.
» Il emmenait avec lui dix des personnages les plus
» influents, les plus dangereux et les plus compromis

» le sifflement des balles oubliées dans le canon des fusils fit croire
» à la colonne qu'on tirait sur les officiers qui marchaient en tête
» des troupes. »

» de la ville haute de Bou-Saâda et des ksours d'Ed-Dis
» et de Bennezouh. La colonne rentrait à Aumale le 20
» août sans avoir rencontré un seul ennemi sérieux sur
» son chemin. Saïd ben Bou Daoud lui avait décidément
» manqué de parole et le colonel le regrettait d'autant
» plus qu'il s'était promis de le traiter comme il le méri-
» tait s'il avait la mauvaise inspiration de se montrer
» dans la portée de son canon.

» Le colonel recevait à son bivouac d'Oudeï-el-Hadjel
» un télégramme ainsi conçu de M. le gouverneur gé-
» néral : « Mustapha-Supérieur, le 13 août 1871. Gouver-
» neur général à colonel Trumelet, Bou-Saâda par Au-
» male. Je vous félicite sur vos opérations. Félicitez de
» ma part vos troupes dont j'apprécie vivement les
» efforts : ils hâteront la pacification qu'il y a lieu d'es-
» pérer prochaine. Vous avez bien fait de procéder au
» désarmement des rebelles. C'est la meilleure garantie
» pour l'avenir. Vice-amiral comte de Gueydon. »

. . . .

Quelques jours après le journal officiel de la colonie consacrait un article élogieux aux opérations de la colonne de Sidi-Aiça. Après avoir rappelé les difficultés qu'avait eu à surmonter M. le colonel Trumelet, le rédacteur terminait ainsi : « Ces obstacles ont été vaincus, la
» colonne a rempli sa mission sans perdre un seul
» homme. Le commandant de la colonne, M. le lieute-
» nant-colonel Trumelet, a complété l'efficacité de ses
» succès si habilement obtenus en procédant au désar-
» mement des révoltés au fur et à mesure des soumis-
» sions..... »

Après six mois de luttes et de combats incessants, la pacification était faite dans toute l'étendue de la subdivision d'Aumale. M. le lieutenant-colonel Trumelet avait eu la gloire d'arrêter, avec des ressources insuffisantes et avant l'arrivée de la colonne Cérez, la marche de l'insurrection triomphante en allant l'attaquer à la frontière est de la subdivision et bien qu'elle présentât des forces décuples des siennes.

Alors qu'Aumale et sa banlieue avaient été directement menacés par l'ennemi du 1er mars au 18 avril, le colonel, en pensant aux massacres et aux incendies de Palestro et de Bordj-bou-Arreridj pouvait dire, avec une légitime fierté et une profonde satisfaction, qu'il n'avait eu ni un seul colon tué ni un gourbi brûlé.

L'insurrection vaincue, le commandant de la subdivision d'Aumale compléta son œuvre en poursuivant le désarmement des tribus, la rentrée des contributions de guerre et l'application du séquestre portant sur 20,000 hectares de terres à prélever sur les tribus insurgées. Il s'occupa ensuite de la colonisation, créa de 1872 à 1875 le village de Bouïra, détermina les emplacements d'Aïn-Bessem, d'Aïn-bou-Dib (aujourd'hui Bertville), d'Aïn-el-Hadjar et d'Aïn-Oum-el-Alleug (aujourd'hui Thiers) dans l'Oued-Icer.

Enfin, nommé colonel du 12e régiment d'infanterie, M. le colonel Trumelet s'embarqua le 25 mars 1875 pour rejoindre son corps à Toulon. Il était arrivé en Algérie jeune lieutenant, il en partait colonel 26 ans après, ayant par ses actes militaires et administratifs rendu son nom inséparable de l'histoire de la répression de l'insurrection de 1871 et des progrès de la colonisation dans la subdivision d'Aumale.

NOMS ET GRADES	DATES DE L'ENTRÉE EN FONCTIONS et de cessation du commandement	DURÉE du COMMANDEMENT
MM. De Ladmirault, colonel.	du 21 août 1846 au 22 juin 1848	1 an, 10 mois
Certain Canrobert, colonel.	du 22 juin 1848 au 9 octobre 1849	1 an, 3 mois
D'Aurelles de Paladines, général.	du 17 mai 1850 au 10 octobre 1852	2 ans, 5 mois
Manselon, général.	du 7 novembre 1852 au 13 décembre 1852	1 mois
De Liniers, général.	du 27 janvier 1853 au 25 août 1853	5 mois
D'Autemarre d'Erville, général.	du 24 octobre 1853 au 8 mars 1854	4 mois
Bosc, général.	du 6 avril 1854 au 18 avril 1855	1 an
Dargeot, colonel.	du 28 avril 1855 au 30 janvier 1860	4 ans, 9 mois
Pichot, colonel.	du 30 janvier 1860 au 14 novembre 1860	8 mois
Lallemand, colonel.		
D'Exéa, général.	du 12 octobre 1862 au 22 mars 1864	1 an, 5 mois
Le Rouxeau de Rosencoat, général.	du 4 juin 1864 au 30 juin 1865	1 an
Renson, colonel.	du 30 juin 1865 au 14 avril 1868	2 ans, 8 mois
De Colomb, colonel.	du 29 avril 1868 au 11 septembre 1869	1 an, 4 mois
De Sonis, colonel.	du 22 octobre 1869 au 2 novembre 1870	1 an
Rollet, colonel.	du 10 novembre 1870 au 27 février 1871	3 mois
Trumelet, lieutenant-colonel.	du 27 février 1871 au 15 mars 1875	4 ans
De Roquebrune, général.	du 28 avril 1875 au 9 août 1876	1 an, 3 mois
Bardin, général.	du 29 août 1876 au 16 décembre 1878	2 ans, 3 mois
Barrachin, colonel puis général.	du 21 décembre 1878 au 28 juillet 1879	7 mois
Boussenard, colonel puis général.	du 11 octobre 1879 au 6 août 1882	2 ans, 10 mois
Munier, colonel puis général.	du 7 août 1882 au 10 mai 1884	1 an, 9 mois
Fix, colonel.	du 16 mai 1884 au 1er février 1887	2 ans, 10 mois
Balan, chef de bataillon, intérimaire.	du 1er février 1887 au 1er août 1887	7 mois

Liste des chefs du bureau arabe d'Aumale, avec la durée de leurs fonctions

NOMS DES TITULAIRES ET INTÉRIMAIRES	GRADES ET CORPS	DATE DE L'ENTRÉE EN FONCTIONS	DATE DE LA CESSATION	OBSERVATIONS
MM. Ducrot	Capitaine d'infanterie puis chef de bataillon au 32e de ligne, puis au 1er étranger.	A la fondation du poste d'Aumale, 4 oct. 1846.	34 juin 1849, nommé directeur divisionnaire à Blida.	Mort général de division.
Petit	Capitaine au 3e bataillon de chasseurs puis aux zouaves.	24 juin 1849, étant adjoint à Aumale.	3 novembre 1850.	Mort à Aumale.
Peletingeas	Lieutenant d'artillerie.	21 nov. 1850, venant de Blida.	Démissionnaire le 4 juin 1851.	
Abdelal	Capitaine commandant l'escadron de spahis d'Aumale; conserve le commandement de son escadron.	19 juin 1851.	2 janvier 1853.	Mort général de brigade.
Martin	Capitaine d'infanterie chef de bataillon en oct. 1855.	Chef de bureau intérimaire le 2 janvr. 1853, venant du bureau arabe de Chercheli, titulaire le 12 mai 1853.	5 nov. 1855, nommé commandant-supérieur arabe de Sétif.	
De Geoffre	Capitaine de zouaves.	14 juill. 1856, par permutation avec M. de Geoffre.	Permute le 14 juillet 1856 avec le capitaine Delètre, chef du bureau arabe de Boghar.	
Delètre	Capitaine d'infanterie.		2 déc. 1859, nommé commandant-supérieur de Dra-el-Mizan.	
Jobst	Capitaine au 24e d'infanterie.	2 déc. 1859, venant de Fort-Napoléon.	20 nov. 1860, nommé commandant-supérieur de Dra-el-Mizan.	
Fain	Capitaine au 56e d'infanterie.	20 nov. 1860, venant de B.-Mansour.	14 oct. 1861, rentré à son corps sur sa demande.	
Lenoble	Capitaine au 3e tirailleurs.	14 oct. 1861, venant de la direction de Constantine.	25 nov. 1864, part en congé.	
Mignoret	Lieutenant intérimaire.			
Mariande	Capitaine d'infanterie.	Intérimaire le 25 nov. 1864, nommé le 28 déc. 1864 à Djelfa en remplacement de M. Gibon.	28 nov. 1866, nommé à Alger.	
Gibon	Capitaine au 42e d'infanterie.	Nommé une 1re fois à Aumale, le 28 déc. 1864, étant à Djelfa, à Aumale le 28 nov. 1866.	27 sept. 1867, nommé commandant-supérieur à Tizi-Ouzou.	
Raboux	Capitaine d'infanterie.	Arrivé à Aumale le 25 sept. 1867, venant de Dra-el-Mizan.	Quitte Aumale au mois de juin 1869 à la suite d'une fracture-double de la jambe.	
Moriz	Capitaine d'état-major.	Chef de l'annexe de Beni-Mansour, le 2 avril 1869. Mandé à Aumale en l'absence de M. Raboux en juin 1869.	Sept. 1869, permute avec M. le capitaine Blanc, pour aller à Dra-el-Mizan. M. Blanc permute avec M. Fontebride qui est nommé chef d'annexe de Beni-	

NOMS DES TITULAIRES ET INTÉRIMAIRES	GRADES ET CORPS	DATE DE L'ENTRÉE EN FONCTIONS	DATE DE LA CESSATION	OBSERVATIONS
MM. De Ferron	Lieutenant d'infanterie.	Adjoint de 1re classe à Aumale, intérimaire après le départ de M. Moutz et avant l'arrivée de M. Fontebride.		
Fontebride	Capitaine d'infanterie.	Chef de l'annexe de Beni-Mansour, le 30 janv. 1870, le commandoct. 1869, est retenu provisoirement à Au-Beni-Mansour.	Prend à dater du 1er	
St-Martin	Capitaine d'infanterie.	Chef du bureau arabe en janv. 1870.	Nommé chef de bataillon, quitte Aumale, fin 1870.	
Cartairade	Capitaine de cavalerie.	26 déc. 1870.	Quitte Aumale le 7 oct. 1871, nommé chef du bureau arabe d'Orléansville.	
Bidault	Capitaine.		Quitte Aumale en 1871 (21 novembre) à l'arrivée de M. Fontebride.	
Fontebride	Capitaine d'infanterie.	Prend le service à Aumale le 21 nov. 1871.	Nommé commandant supérieur de Djelfa, en remplacement de M. le capitaine de Beaumont.	
De Beaumont	Capitaine d'infanterie.	Du 17 mai 1875.	Au 21 mai 1879.	
Tissier	Capitaine d'infanterie.	Du 9 juin 1879.	Passe au commandement de l'annexe de Beni-Mansour le 20 mai 1880 par permutation avec le capitaine Poupelier.	
Poupelier	Capitaine d'infanterie.	20 mai 1880, venant de Beni-Mansour.	10 septembre 1881. Nommé à un emploi en Tunisie. Bureaux de renseignements.	
Corberon	Lieutenant d'infanterie, adjoint de 1re classe intérimaire.	Mois de mai 1881. En l'absence de M. Poupelier.	Nommé capitaine. Quitte Aumale fin mai 1881.	
Bourjade	Lieutenant au 128e de ligne, adjoint de 2e classe, intérimaire.	Intérimaire du mois de juin 1881 au mois d'août, pendant le congé de M. Poupelier et du mois de sept. au 1er oct., en l'absence de tout chef de bureau.	Reste adjoint à Aumale. 10 décembre 1881.	
Desnoyers	Capitaine de cavalerie H. C.	Chef du bureau arabe d'Aumale le 10 oct. 1881, venant de Djelfa.	Passé adjoint au bureau divisionnaire d'Alger par permutation avec M. Bourjade. Parti d'Aumale le 10 janvier 1885.	
Bourjade	Capitaine d'infanterie H. C.	Chef du bureau arabe d'Aumale, le 17 déc. 1884, par permutation avec M. Desnoyers, prend le service à Aumale le 10 janv. 1885.	Nommé adjoint à la section des affaires indigènes de l'état-major, le 16 juillet 1887, par suite de la suppression du bureau arabe d'Aumale.	

Liste des chefs de l'annexe de Beni-Mansour avec la durée de leurs fonctions

NOMS DES TITULAIRES ET INTÉRIMAIRES	GRADES ET CORPS	DATE DE L'ENTRÉE EN FONCTIONS	DATE DE LA CESSATION	OBSERVATIONS
MM. David (Jérôme).....	Lieutenant aux zouaves, puis au 26e de ligne.	Chef de l'annexe créée le 12 avril 1852.	Déc. 1852, rentre en France.	Ministre en 1870 (ministère Palikao).
Camatte (Alfred).....	Lieutenant aux zouaves, puis capitaine.	Chef de l'annexe déc. 1852.	Nommé en janv. 1855 commandant supérieur de Teniet-el-Hâad.	
Devaux (Charles).....	Lieutenant au 1er zouaves.	Chef de l'annexe le 29 janv. 1855.	Nommé le 15 nov. 1855 chef de bataillon à Dra-el-Mizan en remplacement du capitaine Beaupêtre, nommé chef du bureau arabe d'Alger en résidence à Tizi-Ouzou.	
Marty.............	Lieutenant du génie.	Chef de l'annexe le 8 juin 1858.	Parti de Beni-Mansour le 12 févr. 1859.	
Ozanaux...........	Lieutenant.	Chef de l'annexe le 17 mai 1858.	Nommé le 8 juin 1858 chef du bureau arabe de Bou-Sâada.	
Fain..............	Capitaine au 55e de ligne.	Chef de l'annexe le 1er déc. 1855.	Nommé le 10 mai 1856 chef du bureau arabe de Dra-el-Mizan.	
Adeler (Gustave).....	Lieutenant au 51e de ligne.	Chef de l'annexe le 15 nov. 1855.	Nommé en déc. 1857, chef du bureau arabe de Bougie.	
Fain (2e fois)........	Capitaine au 56e de ligne.	Chef de l'annexe le 12 févr. 1859.	Nommé le 20 nov. 1861 à Dra-el-Mizan par permutation avec M. Le Bissonnais.	
Saint-Martin........	Lieutenant d'infanterie.	Nommé le 20 nov. 1860.	Nommé le 21 août 1863 à Tizi-Ouzou.	
Le Bissonnais (Jacq.).. leurs.	Capitaine de tirailleurs.	Chef de l'annexe le 8 nov. 1861.		
Le Brun (Charles).... terie.	Lieutenant d'infanterie.	Chef de l'annexe le 21 août 1863, venant de Miliana.	Nommé le 18 mars 1866 à Teniet-el-Hâad.	
Robin............. terie.	Lieutenant d'infanterie.	Nommé le 18 mars 1866, venant de Miliana, prend possession du poste le 3 mai 1866.	Quitté Beni-Mansour le 30 août 1867.	
Aucapitaine........ terie.	Lieutenant d'infanterie.	30 août 1867.	Mort du choléra avec sa femme à Beni-Mansour le 25 sept. 1867. Est remplacé provisoirement par le lieutenant Robin puis en sept. 1867 par M. le sous-lieutenant Hartmayer, chargé de l'intérim.	
Durand...........	Lieutenant d'infanterie.	Intérimaire le 25 nov. 1867.	Depuis cette époque, jusqu'au mois d'avril 1869, il semble qu'il n'y ait pas eu de chef d'annexe titulaire, le commandement de l'annexe est exercé successivement par M. de la Marcelle, lieutenant d'infanterie, et Monthaulon, lieutenant d'infanterie.	

NOMS DES TITULAIRES ET INTÉRIMAIRES	GRADES ET CORPS	DATE DE L'ENTRÉE EN FONCTIONS	DATE DE LA CESSATION	OBSERVATIONS
MM. Moutz................	Capitaine d'état-major.	Chef d'annexe le 3 avril 1869, venant d'Orléansville.		Paraît avoir été retenu à Aumale en juin 1869, à la suite de l'accident arrivé au capitaine Rahoux, chef du bureau arabe d'Aumale. L'annexe était alors commandée par M. le lieutenant Monthaulon. Le 3 sept. 1862, M. Moutz permutait avec M. le capitaine Blanc, chef du bureau arabe de Dra-el-Mizan.
Blanc....................	Capitaine d'infanterie.	Nommé le 3 sept. 1869.		Permute le 30 oct. 1879 avec M. Fontebride et va à Delys.
Fontebride...............	Lieutenant d'infanterie.	Le 30 oct. 1869, est retenu à Aumale pour y exercer les fonctions de chef du bureau arabe pendant l'absence de M. Rahoux, capitaine. M. Monthaulon toujours à Beni-Mansour. M. Fontebride prend le commandement de l'annexe le 1er janv. 1870.		L'intérim est fait par M. le lieutenant Taizon et par M. le lieutenant Barnier.
Mas......................	Capitaine d'infanterie.	...... soutif dans le commencement de 1871.	1874 par M. le capitaine Odon.	
Odon.....................	Capitaine aux zouaves.	Prend le commandement le 27 mai 1874, nommé définitivement chef d'annexe le 4 juil. 1871.	Démissionnaire fin oct. 1871. Remplacé provisoirement par M. le capitaine Barnier, le 8 juin 1872.	
Maréchal.................	Capitaine d'infanterie.	Chef d'annexe le 12 juin 1872.	Le 27 juil.1874, nommé à la section des affaires indigènes d'Alger.	
Barnier..................	Capitaine d'infanterie.	Chef d'annexe le 28 juil. 1874.	Nommé à Miliana, le 5 janvier 1877.	
Bosc.....................	Capitaine d'infanterie.	Chef de l'annexe le 5 janv. 1877.	1er août 1877.	
Poupelier................	Capitaine d'infanterie.	2 août 1877.	22 mai 1880.	Intérim de MM. Corberon et Honnoré, lieutenans d'infanterie.
Tissier..................	Capitaine d'infanterie.	20 mai 1880.	1er janvier 1884.	Remise du territoire de l'annexe à l'administration civile.

Liste des caïds investis par la France depuis la création du cercle d'Aumale jusqu'à nos jours

NOMS DES CAIDS	DURÉE du COMMANDEMENT	OBSERVATIONS
Tribu des Adaoura R'eraba		
Abdelkader ben Ahmed	Depuis la fondation d'Aumale au 6 novembre 1849.	Tué à l'ennemi.
Lakdar ben Ahmed ben Mohammed ben Taïeb	Du 7 novembre 1849. Révoqué le 17 octobre 1857.	Neveu du précédent.
Zouaoui ben Messaoud	28 août 1850. Administre directement les R'eraba le 17 octobre 1857.	
Mustapha Ould Si Ahmed Bou Mezrag	2 mai 1859.	Fils de l'ancien bey turc de Médéa.
Mohammed Ould Si Ahmed Bou Mezrag	Septembre 1859.	Frère du précédent.
Zouaoui ben Messaoud	30 janvier 1865.	Démissionnaire en 1875.
Mohammed ben Abdallah ben Zouaoui ben Messaoud	Du 2 juin 1875.	Lieutenant de spahis, ancien porte-fanion du général Yusuf.
Ahmed ben Abdelkader	10 octobre 1879.	Neveu du 1er chef de la tribu investi par la France.
Lakdar ben Ahmed ben Mohammed ben Taïeb	Du 11 janvier 1881.	Fils du précédent.
Ben Arrour ben Lakdar	Caïd du 15 janvier 1891.	
Mohammed ben Kouider	De 1846. Décédé en 1848.	
El Amri ben Youcef	Caïd en 1847. Révoqué le 17 octobre 1857.	
Bou Zian ben Mohammed ben Kouider	Du 17 octobre 1857 au 2 mai 1859.	
Hamoud ben El Hadj Ahmed	Caïd du 2 mai 1859.	Fils du 1er caïd. Tué en 1871 dans une rixe.
Mohammed ben Ahmed Ould El Bey Bou Mezrag	Aux R'eraba caïd du 13 septembre 1859. Aux Cheraga du 30 janvier 1865.	Lieutenant de spahis.
El Amri ben Youcef ben El Guir	28 octobre 1871.	Capitaine de spahis.
Abdelkader Ould Belkassom	Caïd des Adaoura-Cheraga et caïd El-Kiad du 24 juillet 1875 (décédé en novembre 1876).	
Sbâ ben Sbâ	Caïd du 20 janvier 1873 aux Oulad-Sidi-Hadjerès et caïd du 26 décembre 1876 aux Adaoura-Cheraga.	
Ahmed ben El Hadj Saïd	Caïd du 10 octobre 1879. Révoqué le 24 novembre 1880.	
Salem bou Mohammed dit Ben Guerba	Caïd aux Oulad-Driss du 11 décembre 1857. Aux Adaoura-Cheraga du 11 janvier 1881.	Originaire des Oulad-Driss, gendre de feu le caïd Lakdar des Adaoura-Gheraba.
Tribu des Oulad-Sidi-Hadjerès		
Abdallah ben Ahmed ben Rabah	Du mois de mars 1851. Révoqué en décembre 1851.	
Ben Rabah ben Ahmed	Décembre 1851.	
Ahmed ben Goumri	19 novembre 1852.	
Latrech ben Mebrouck	Du 18 juin 1853. Révoqué le 22 avril 1857.	
Mustapha Ould Si Ahmed Bou Mezrag	Du 22 avril 1857 au 2 mai 1859.	
Zouaoui ben Messaoud (Adaouri)	Caïd du 2 mai 1859.	
El Amri ben El Amri	Caïd du 30 janvier 1865.	

NOMS DES CAIDS	DURÉE du COMMANDEMENT	OBSERVATIONS
Tribu des Oulad-Sidi-Hadjerès *(Suite)*		
Sid ben Sid (Adaouri)............	Passé aux Adaoura caïd aux Oulad-Sidi-Hadjerès du 20 janvier 1873.	Originaire des Oulad-Sidi-Aïssa, oncle du caïd actuel de cette tribu.
Mohammed ben Smaïl............	Caïd du 26 décembre 1876, Caïd ailleurs du 5 août 1868.	
Si Aïssa ben Mostefa............	Caïd du 19 avril 1890.	
Brahim ben El Haddad ben Gueliel..	Du 22 avril 1866.	
Belgassem ben Abdallah..........	Mai 1890.	Originaire des Oulad-M'sellem, démissionnaire.
Tribu des Oulad-Si-Amor		
El Hadj ben Gueffaf.............	Caïd du octobre 1848.	
Kouider ben Ahmed..............	Caïd du 14 février 1868 à septembre 1878.	
Mahdjoub ben Mohammed ben Saïd...	Caïd du 29 septembre 1878.	Père du khodja de l'annexe de Sidi-Aïssa.
Mohammed ben El Hadj Mokrani...	Id.	Ancien chaouch du bureau arabe remplacé aux Oulad-Si-Amor en 1887, décédé en 1888, comme chef d'une tribu voisine.
Tribu des Oulad-M'sellem		
Brahim ben El Haddad ben Gueliel..	Caïd du 19 septembre 1879.	Tribu remise en 1886 au territoire civil.
El Haddad ben Gueliel (père).....	Du 28 février 1857 au 11 mars 1857.	
Taïeb ben Abdallah..............	14 décembre 1871.	
Salem ben Bou Rahla............	20 février 1873.	Démissionnaire en 1879 pour raison de santé en faveur de son fils.
El Haddad ben Gueliel (père).....		
Tribu des Oulad-Sidi-Aïssa		
Mohammed ben Messaoud.........	Caïd de 1846. Révoqué en février 1849.	
Mohammed El M'barek Ouled Si Mostefa (père)................	Du 1er mars 1849.	
Abdelkader ben Mohammed El M'barek Ouled Si. Mostefa.	Caïd du 24 mars 1880.	Démissionnaire en 1880 en faveur de son fils.
Tribu des Oulad-Ali-ben-Daoud		
El Bekra ben Bou Renan.........	Caïd de 1846.	
Tounsi ben Atsman..............	21 février 1849.	
Ali ben Tounsi..................	Caïd du 14 février 1866. Révoqué en 1871.	
Bou Ras ben Abdallah............	Caïd du 27 novembre 1871. Révoqué en 1878.	
Lakhdar ben Ahmed ben Mohammed ben Taïeb............	Caïd du 10 mars 1878.	Nommé dans sa tribu aux Adaoura en janvier 1881.
Rabiah ben Lakhdar.............	Caïd du 30 janvier 1881.	Fils du précédent. Mort en 1884.
Seddik ben Tounsi...............	1884.	Fils de Tounsi ben Atsman, frère d'Ali ben Tounsi.

NOMS DES CAIDS	DURÉE du COMMANDEMENT	OBSERVATIONS
Tribu des Oulad-Abdallah		
Yahya ben Abdi	Caïd des caïds du Dira-Inférieur à la création d'Aumale.	
Mohammed ben Chourar		
Bou Zid ben Gana	Caïd du 19 novembre 1852.	
Kaddour ben Bou Zid	Caïd du 1er septembre 1863. Révoqué en avril 1886.	
Aïssa ben Mostefa	Caïd du 22 avril 1886.	
Tribu des Sellamat		
Chellali ben Daoussen	26 mars 1850.	Meurt en 1872 et est remplacé par son fils.
Ben Amran ben Chellali ben Daoussen	17 décembre 1872. Révoqué en 1883.	
Djaberi ben El Hadj Daoussen	Caïd du 11 avril 1883.	Cousin du précédent.

ALGER. — TYPOGRAPHIE ADOLPHE JOURDAN.